こころの
未来選書

ユングと
ジェイムズ

個と普遍をめぐる探求

小木曽由佳 著

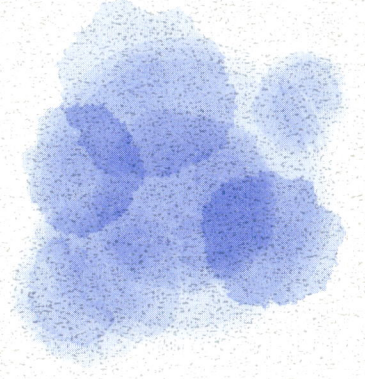

創元社

序　文

河合俊雄
　京都大学こころの未来研究センター

　本書は、「個別性」をキーワードに、カール・グスタフ・ユングの「個性化」の思想を、ウィリアム・ジェイムズの哲学から読み解いたものである。ユングとジェイムズとの関係は、あまり一般には知られていないかもしれない。しかし二人は実際に会って、お互いに高く評価し合ったことがわかっているし、またユングはジェイムズから大きな影響を受けたことを認めて感謝している。いわゆる『ユング自伝』の元になったインタビュー草稿には、ジェイムズについての一章が存在したくらいである。

　しかしフロイトの性理論と対決してユングが独自の理論を確立していったという物語を『ユング自伝』の出版社が作ろうとしたためもあって、ジェイムズについての一章は最終的に削除されてしまった。そのこともあって、ジェイムズがユングに与えた影響については、あまり検討されてこなかった。また歴史的事実からユングにとってのジェイムズの重要性を指摘する研究は、ユング『赤の書』の編集者であるシャムダサーニのものをはじめとして最近にいくつか見られても、その内容にまで踏み込んだものはほとんどなかったと言えよう。

　それに対して本書は、ジェイムズがユングにどのように影響を与えたのか、またジェイムズの視点からすると、ユングの思想がどのように新たに

理解できるかを明らかにしていて、画期的なものであると言えよう。短い紙数で綿密な論旨を要約することはとてもできないが、本書は『赤の書』を、ジェイムズの視点から解釈していくことによって、『赤の書』に含まれていたユングの臨床的思想の展開を明らかにしたとも言えるのではないか。つまりジェイムズの『プラグマティズム』によると、こころの中の対立するものやタイプ論が浮き彫りになり、それの統合のプロセスが明らかになる。『赤の書』において、ヴィジョンの中のユングは様々なイメージと向き合い、また様々なイメージが対立し、統合される。

　著者はここで具体的に、『赤の書』から「先に考える」という要素を象徴する預言者のエリヤと「快楽」を象徴するサロメの登場する物語を手がかりに考察しており、とてもインパクトがある。タイプ論的な単なる二項対立や分類に終わらず、盲目のサロメの目が開いたように、個々のものが変容していくことが明らかにされ、ある意味でユングがジェイムズの影響を受けつつ、それを超えていったこともわかるのである。

　次にジェイムズの『宗教的経験の諸相』から光を当ててみると、ユングが精神的危機に陥って『赤の書』を執筆したように、『赤の書』における特殊で超越した体験ということが見えてくる。

　さらにはジェイムズ最晩年の『多元的宇宙』からすると、個別のものからいかに普遍に到達できるかという問いがクローズアップされる。それは『赤の書』がそれ自身を超えていくところになる。つまりユングは『赤の書』の個別的体験を超えて、錬金術研究に向かうのである。

　三つ目の個別と普遍の関係は、ユング心理学においても、心理療法においても根本問題である。臨床心理学において事例研究という方法論が重要であるように、個別的なものがいかに普遍的なものにつながるかというのは、学術的な意味でも、実存的な意味でも重要である。またユングの個性化は、普遍的なものにつながっていくようにも理解でき、その場合にも個別と普遍の緊張関係が顕わになってくる。このように本書のテーマは臨床上の問いに関わってくるものなのである。

　著者は最後にグリム童話の「ガラスびんの中のばけもの」を手がかりに、個別と普遍の問題を考察している。つまりガラスびんが一つの宇宙を形成

していたように、面接室やそこに持ち込まれる語りやイメージが一つの宇宙であり、そこで徹底して深められる個別性は既に普遍性を含んでいる。非常に興味深い示唆であり、これを手がかりに個別性と普遍性について読者が考えを深めることができたらと思う。

　本書は、筆者を指導教員とした博士論文「ユング心理学における個別性の問題――ジェイムズの多元論哲学とブーバーの関係論からの照射」を元に、特にジェイムズの部分に焦点を当てて書き直し、さらに展開させたものである。著者の小木曽由佳さんは2013年4月からは京都大学こころの未来研究センターの鎌田東二先生の元でPD研究員となっている。臨床心理学と宗教学という二つの分野にまたがって研究を進め、こころを多面的に見ているという意味では、まさにこころの未来研究センターの趣旨と「こころの未来選書」にふさわしいのではないかと思う。今後も臨床という実践と文献の研究とが響き合うような著作をこのシリーズから出していければと考えている。

はじめに

　深層心理学の旗手、カール・グスタフ・ユング（1875-1961）と、プラグマティズムの哲学者、ウィリアム・ジェイムズ（1842-1910）。本書は、19世紀末から20世紀にかけて、ヨーロッパとアメリカという異なる大陸で活躍した二人の思想の交流を試みるものである。
　深層心理学とプラグマティズムと聞くと、それらは一見したところ、ほとんど相容れないものであるようにも思われる。とりわけ夢やファンタジーといった数量化も普遍化もしがたい事柄に価値を置くユング派の心理療法にとって、実証性や効果を何より重視するプラグマティズムの哲学は、あまりにも縁遠いものに見えるのだ。
　しかし、ジェイ・ム・ズのプラグマティズムということになると、話は違ってくるようである。当のユングは、ある論文において次のように述べている。

　　省略してはならない人物が一人だけいる。それは、ウィリアム・ジェイムズその人である。彼の心理学的なヴィジョンとプラグマティズムの哲学は、一度ならず私の導き役となってくれた。人間の心理学の地平が不可知の領域にまで広がっていると私に認識させたのは、彼の広

範にわたった精神にほかならない。[1]

　ユングはここで、ジェイムズのヴィジョンと哲学が自らの「導き役」となったと述べ、その学問上の恩義を表明しているのである。
　そのような視点からユングの著作や講演、書簡に改めて目を向けるとき、彼が生涯にわたって、ジェイムズについて数多くの言及を行っていることが見て取れる。そこには、ジェイムズの思想だけではなく、その研究態度や人柄に対する賛辞も少なくない。常に肯定的な評価とともにその名が挙げられているのである。また、ジェイムズの晩年に一度限りの出会いを果たした際には、当時ユングが関心を寄せていた超常現象の心理学について、互いに熱く意見を交わし合ったという。
　このジェイムズとの接触は、後にユングが迎えることになる大きな変革期のまさに直前の出来事であった。わずか数年後に、ユングは『赤の書』に描かれていることで知られる精神の深刻な危機に陥るのである。
　30歳以上年長のジェイムズから、ユングは果たして何を受け取ったのだろうか。危機的状況から立ち上がり、ユングが自らの心理学を確立していく過程で、ジェイムズの思想はいかなる意味で、その「導き役」となったのであろうか。
　従来、フロイトとの関係の中で位置づけられてきたユングの理論を、先導者としてのジェイムズとの関連から読み解くとき、これまで視野に入らなかったユング思想の新たな地平が見えてくるはずである。本書では、この両者の忘れられた連関に着目し、ユングの心理学を再解釈することを課題とする。
　本論の内容を先取りするならば、ユングとジェイムズの思想は、ある一つのキーワードに接点を見出す。それは「個別性」というものである。
　実は、ユングがその理論の拠り所を見出していく過程は、彼自身の「個別性」をいかに「普遍性」と結びつけうるかという問いの探求と不可分に関わっている。そして、その探求の助けとなるのが、まさに同じ問いに心を砕いたジェイムズの哲学にほかならないのである。
　こうした「個別性」と「普遍性」をめぐる問いは、ユングとジェイムズ

の思想的連関を読み解くうえで価値があるだけでなく、広く「臨床」という営みの方法論について考える際にも、きわめて重要な意味を持つと言える。

「個別的」な世界は、いかにして「普遍性」と結びつくことができるのか。

本来、多様であるはずの生の側面を、一つの知へと結晶化させていくことは果たして可能なのであろうか。

このような問題をはらみながら、臨床心理学では、個別の事象を普遍的な知の形へと高めていくための方法論として、「事例研究」という手法がとられてきた。

河合隼雄は事例研究草創期の1976年の論文において、「『個』をあくまでも追求してなされた内容が多くの他人に役立つのは、それが何らかの意味で『普遍性』をもつことを示すものであり、一体ここで『個』と『普遍性』の関係はどうなっているのかという疑問が生じてくる」と述べ、次のような仮説を立てている。

> われわれが心理療法を通じて迫ろうとする「個人」は、それ自身ひとつの「世界」であるとさえ思われる。ここに人間、あるいは人間の心の秘密がある。［……］一個人の全体性を損うことなく、その個人の世界を探求した結果は、臨床家が他の個人に接するときに共通のパターン、あるいは型を与えるものとしての普遍性をもつのである。[2]

そして河合は、このような普遍性のあり方について満足する表現を見つけることができないとし、「個人の世界において、その『個』を明らかにすればするほど、それは普遍性をもつものであるといった逆説的表現をとるより仕方がない」[3]と述べる。

〈臨床の知〉の提唱以来[4]、今日に至るまでの20年の間に、「臨床」という語は学術的領域において市民権を得ており、またその象徴とも言える事例研究の方法ももはや自明のものとなったが、草創期に河合が「逆説的表現」でしか言表できないと述べた「個別性」と「普遍性」のダイナミズムの捉えがたさは、現在もなお変わりないままに思われる[5]。

本書では、臨床心理学の先駆者たるユング自身の苦闘の軌跡を、同じくこの問題を多角的に探求したジェイムズの哲学との接点から検討することにより、そうしたダイナミズムに少しでも肉薄することを目指す。

ユングとジェイムズ ────────── 目次

序　文　河合俊雄 …………………………………………………………… i
はじめに …………………………………………………………………… iv

序　章 ……………………………………………………………………… 1
　第1節　『赤の書』公刊以降のユング研究における本研究の位置づけ ……… 2
　　　　1-1　ユング『赤の書』
　　　　1-2　『赤の書』の公刊
　　　　1-3　ユング研究と『赤の書』
　　　　1-4　本研究の目的
　第2節　検討の方法 ── ジェイムズの多元論哲学による照射 ………… 16

第Ⅰ部　個別性の探求

第1章
ユング心理学成立前夜 ── フロイト中心的解釈からの脱却の可能性 ……… 23
　第1節　『赤の書』へ ………………………………………………………… 24
　　　　1-1　1913年のユング
　　　　1-2　フロイトとの邂逅と訣別
　第2節　『ユング自伝』の失われた断片 …………………………………… 26
　　　　2-1　『自伝』成立の経緯
　　　　2-2　『自伝』草稿におけるジェイムズへの言及
　第3節　ユングとジェイムズの接点 ……………………………………… 29
　　　　3-1　ジェイムズとの出会い
　　　　3-2　思想的接点

第2章
タイプ理論とプラグマティズム ──「個人的方程式」としての諸類型 ……… 39
　第1節　『プラグマティズム』との接触 …………………………………… 40

第2節　『赤の書』前夜のタイプ理論 ………………………………………… 41
　第3節　ジェイムズのプラグマティズム哲学 ……………………………… 43
　　　　　3-1　プラグマティズムの成立
　　　　　3-2　ジェイムズのプラグマティズム
　第4節　ユングにおける『プラグマティズム』の受容 …………………… 49
　第5節　「個人的方程式」としての諸類型 …………………………………… 52
　　　　　5-1　天文学における"persönliche Gleichung"
　　　　　5-2　ユング心理学における"persönliche Gleichung"
　　　　　5-3　心理的個人的方程式

第3章
『赤の書』と『タイプ論』── 「私」の神話をめぐる探求 ……………………… 59
　第1節　タイプ理論の質的変容への注目 …………………………………… 60
　　　　　1-1　外の体験と内の体験
　　　　　1-2　ジェイムズ理論に対する態度の変化
　第2節　『赤の書』の体験世界 ── イメージにおける対立物 ………………… 62
　　　　　2-1　エリヤとサロメ
　　　　　2-2　二原理の同時性
　第3節　『タイプ論』における対立物の結合 ………………………………… 66
　　　　　3-1　シュピッテラー『プロメテウスとエピメテウス』をめぐって
　　　　　3-2　類型をめぐる二元性と一元性
　第4節　「私」の神話をめぐる探求 …………………………………………… 73

第II部　個別性から普遍性へ

第4章
個性化と宗教的経験 ……………………………………………………………… 77
　第1節　『赤の書』との離別 ──「個別性から普遍性へ」という課題 …… 78
　　　　　1-1　ユングの転向
　　　　　1-2　普遍性への葛藤
　第2節　『宗教的経験の諸相』をめぐって ………………………………… 82
　　　　　2-1　ジェイムズ『宗教的経験の諸相』
　　　　　2-2　ユングによる『諸相』の評価

第3節 「宗教的経験」と人格変容 ……………………………………… 88
　　　3-1　ユングの宗教論
　　　3-2　「二度生まれ」の人間観
第4節 普遍化への方法論 …………………………………………… 96

第5章
個性化と多元的宇宙 …………………………………………… 99
第1節 ユング「個性化」論における「個」の探求 ……………………… 100
　　　1-1　ユング「個性化」論の特質
　　　1-2　「個性化」論への批判
　　　1-3　「個別性」と「個人性」
第2節 多元的宇宙 …………………………………………………… 107
　　　2-1　ジェイムズの『多元的宇宙』
　　　2-2　多神論的心理学
第3節 ユングの錬金術研究 ………………………………………… 113
　　　3-1　錬金術との出会い
　　　3-2　錬金術における「個別性」と「普遍性」
第4節 「多元的宇宙」と「一なる宇宙」 ……………………………… 120

終　章 ………………………………………………………………… 123

註 ……………………………………………………………………… 134
引用文献 ……………………………………………………………… 169
人名索引 ……………………………………………………………… 179
事項索引 ……………………………………………………………… 180

おわりに ……………………………………………………………… 183

造本：尾崎閑也（鷺草デザイン事務所）

凡　例

1. 引用文献は巻末の文献表に従って、著者名と発行年、ページ数で示す。ただし、Walter-Verlagの独語版ユング全集からの引用の際には、引用箇所を段落番号（§）にて示し、段落番号の表記の無い場合に限り、ページ数で記す。
2. 翻訳書を参照した場合は、原著と＝で区切って翻訳書の発行年と該当ページ数を示した。翻訳書の該当箇所を併記していない場合は、そのつど、筆者が新たな訳を試みたものである。
3. 強調は傍点で示し、引用文の場合、引用原文による強調か、筆者による強調かについては註にて明記した。
4. 引用文中の［　　］は、中略を意味する［……］を含めて、筆者によって追加された部分を表す。

序　章

深みの精神はそれでもなお、
抗し難い内なる憧れへと私を駆り立てた。
(『赤の書』「第一の書」より)[1]

第 1 節

『赤の書』公刊以降のユング研究における本研究の位置づけ

　本研究は、分析心理学の創始者カール・グスタフ・ユング（Jung, Carl Gustav 1875-1961）による「個性化（Individuation）」の思想を、「個別性」という観点から再検討するものである。

　ユングにおいて「個性化」とは、人生全体にわたる内的な人間形成の過程を意味する。彼自身によって「自己実現化（Selbst-realization）」[2]という語にも置き換えられる「個性化」の理論は、人間の心理的成熟を主題化したものとして、その本来の領分である心理学を優に越え出て、哲学・宗教学・教育学をはじめとする幅広い文脈で引用されてきた。そして言うまでもなく、わが国の臨床心理学研究にとっては、絶えず繰り返し立ち戻って参照され、その理論的根拠に掲げられる最重要概念の一つであり続けてきたと言える。

　ユングの心理学は、彼の死後も西ヨーロッパのドイツ語圏、英国、北米を中心に大きな発展を遂げ、1970年代にはわが国においても箱庭療法を媒介として爆発的な広まりを見せた。また近年ではラテンアメリカや東アジア、東ヨーロッパなどの国々でも、実践から理論研究まで著しい勢いで展開している[3]。

　そして、ユングの没後から50年を経た現在、ユング研究は新たな局面を迎えることとなった。その契機は、2009年のユング『赤の書（*The Red Book: Liber Novus*）』の世界同時公刊にある。この本の出版は、「個性化」論をはじめ、これまで他の文献をベースに構築されてきた従来のユング理解の再検証を否応なく迫るものであり、どのような形であれ、もはやこれを避けてユング心理学について語ることはできない、一つの大きな転回点を意味するからである[4]。

　本節ではまず、ユング『赤の書』と公刊後の研究状況について概観した後、本研究の目的とその位置づけを示していくことにする。

1-1 ユング『赤の書』

　『赤の書』は、1913年から1914年にかけて、フロイトと訣別した直後のユングが、精神的危機の中、体験したヴィジョンの記録である。
　1913年10月、ユングは一人シャッフハウゼンへと向かう列車の中で、ヨーロッパ全体が大洪水に襲われるヴィジョンを見る。

　　それは1913年10月のことだった。一人で旅をしていたときに、日中に突然、ヴィジョンが降りかかってきた。北海とアルプスの間の北方で低地の国々全てが、途方もない大洪水に見舞われているのを見たのである。それはイギリスからロシアまで、北海の海岸からほとんどアルプスにまで及んでいた。大波が黄色く泡立ち、瓦礫と無数の死体が浮いているのが見えた。このヴィジョンは2時間にわたり、私は混乱し、気分が悪くなった。[5]

　これを皮切りに、しばらく前から高まりつつあったユングの「内的圧力」は極限に達し、絶え間ない空想の奔流に見舞われることになる。
　ユングはこの間起こった出来事を、『黒の書』と呼ばれるノートに書き留め、その第一冊を「私の最も困難な実験の書」と名づけた[6]。その後ユングは、『黒の書』の記録を数年かけて『赤の書』の草稿に写し、解釈と絵を挿入するという作業に従事する。大学講師としての経歴を捨て、自らの内的な世界に取り組む道を選ぶのである。
　後にユングは、後年の仕事はすべてこれらの体験から生じてきたものだったと振り返り、以下のように語っている。

　　内的イメージを追っていった年月は、私の人生の内で最も重要な時であった。そこですべての本質的なものが決定された。この時にすべてが始まったのだ。後の出来事のひとつひとつは補足や意味づけにしかすぎない。私の後の仕事はどれも、あの年月に無意識から掘り起こされ、はじめは私を圧倒し溢れ出ていたものをまとめ上げることにあった。これが、私の生涯の仕事の第一資料だったのである。[7]

ユングにとって、この時期に「無意識」と正面から取り組んだ体験こそが、その後、彼の心理学で展開されることになるすべてのものをすでにその内に含んでいたというのである。

ユングがようやく精神的危機から抜け出したのは1918年頃のことであった。その後も独自の心理学を構築していく学問的な歩みと並行して、『赤の書』草稿の装飾字体による清書や、ファンタジーの拡充を続けており、彼の『赤の書』への取り組みは、実に16年にも及んだ[8]。

1-2 『赤の書』の公刊

『赤の書』に示された体験がユング思想の「第一質料」であったのだとすれば、それは彼の心理学を理解するうえで不可欠の鍵となるはずである。多くの講義や自伝で存在はたびたびほのめかされており、その謎めいたヴェールの奥にこそ、ユング思想の核心が隠されているかのようにも受け取れる。

また、ユング自身、『赤の書』が人目に触れることに必ずしも消極的だったわけではない。1922年以降、ユングは『赤の書』出版の可能性について周囲と繰り返し議論を重ねていたし、『赤の書』の複製を多くの人に配布していたほか、「完全に信頼し、彼の考えを十分に理解できると思われる人たち」[9]に対しては、彼自身の手によるオリジナルを自由に閲覧することも許していたという。

にもかかわらず、ユングはその生涯において、最後まで『赤の書』の出版に踏み切ることはなかったのである[10]。

ユングの死後、『赤の書』は彼の遺志によって家族の手に保管されたが、1977年にヤッフェ（Jaffé, Aniela）による大型の伝記『ユング ── そのイメージとことば（*C.G. Jung: Bild und Wort*）』にて『赤の書』の外観の写真と9点の描画が公刊されたのを皮切りに、いくつかの著作で少しずつ内部が垣間見られるようになった。そして死後約半世紀にしてようやく、その全貌が明らかになったということになる。

心理学史家ソヌ・シャムダサーニ（Shamdasani, Sonu）の編集にて公刊された『赤の書』は、ユング自身による装飾字体本の大きさをそのまま再現した大型本で、非常にインパクトの強いものであった。英語版出版直後の2009年

図1 『赤の書』「第一の書」第1ページ　　図2 『赤の書』「第二の書」フィレモン像

11月2日のワシントンポスト誌の書評は、この印象を次のように表現している。

「豪奢な深紅の表紙に、分厚いクリーム色の紙に印刷されたページ。この巨大な書は、講壇用聖書ほど大きく、まるで魔法使いが開く呪文の本のようだ」[11]。

2009年10月に英語版とドイツ語版が、2010年に日本語、イタリア語、ポルトガル語、スペイン語、チェコ語、2011年にはフランス語、ルーマニア語版が相次いで出版されている。いずれの版も、オリジナルを模した真赤の表紙で綴じられ、ユングによるオリジナルの複写191ページ分に、各言語への翻訳が続く構成をとっている。複写部分には、ページいっぱいにユングの手書きの飾り文字が細かく書き込まれ、その文字の間にこれも細かく描かれた大小の絵が81点、ページ全体の絵が53点含まれており、美術書さながらの色鮮やかな内容である。

オリジナルの『赤の書』は、「第一の書（Liber Primus）」と「第二の書（Liber Secundus）」の二部に分かれたものだったが、公刊版ではこの二つとほぼ同時

期に書かれ、『赤の書』の続編とも言える「試練（Prüfungen）」があわせて収録された形になる。

　「第一の書」は、ユングが自らのこころの深みへと降りていき、数々のヴィジョンを目撃し変容を体験するという内容で、そこでは観察者の視点がより強く、聖書やニーチェの『ツァラトゥストラ（*Also sprach Zarathustra*）』を彷彿とさせる[12]厳粛な文体で書き進められていく。これに対して、はるかに分量の多い「第二の書」では、巨神イズドゥバル（Izdubar）から小柄で太った精神科医、料理女、高慢な図書館司書までさまざまな心像がより生き生きと描かれており、ユング自身である「私（Ich）」が積極的に彼らと関わり、自ら進んでヴィジョンに巻き込まれていくかのような展開を見せる。「第一の書」の重々しい雰囲気は退き、むしろ軽快でユーモラスな印象の箇所さえ散見されるものである。

　これら「第一の書」と「第二の書」は、いずれも短い章に分かれており、それぞれユングのヴィジョンが記述された後に、語りの「第二層」として、彼自身によるヴィジョンの解釈が続いている。

　そして、編者が「第三の書（Liber Tertius）」[13]とも位置づける「試練」は、1917年に書かれたものであり、ユングが前年の1916年に記し、私家版として近しい人にのみ配布していた『死者への七つの説教（*Septem Sermones ad Mortuos*）』[14]が劇中劇のように組み込まれている。『死者への七つの説教』では、紀元2世紀のグノーシス派の神学者バシリデス（Βασιλειδης, 85年頃-145年頃）に同一化して死者たちに直接語りかけるという形式をとっていたのに対し、「試練」では、物語の途中で「第二の書」に登場したフィレモン（Philemon）[15]（図2）が再度現われ、「私（Ich）」の見ている前で彼が説教を行う構造になっているのである。この構造のために、ユング自身を示す「私（Ich）」と語られる内容との間に距離が生じており、心的要素が自律的に働き出す「こころの客観性」[16]をユングがどのように体験したのかを垣間見ることができる。

　以上、『赤の書』のどの部分をとっても、大変難解で複数の解釈を許すものであり、そのことは編者のシャムダサーニによって本文につけられた脚注が750以上にも及ぶことからも想像できよう。

　それでは、この大著が出版されたことによって、従来のユング理解はい

かなる変化を経験するのであろうか。あるいは、ユング自身の肉筆の持つ説得力が、これまでの理解をより強化していくことになるのだろうか。

少なくともユング思想の成立における『赤の書』の重要性が明らかとされている限り、もはや出版された『赤の書』に何の言及もすることなしにユングについて論じることは不可能に近いと言える。

そこで本論では次項にて、『赤の書』出版後のユング研究の現況について概観していくことにする。

1-3 ユング研究と『赤の書』

ユング心理学の鍵とされた『赤の書』がいよいよ姿を現わしたということで、多くのユング研究者の間で、その出版は第一に称賛をもって迎えられた。

たとえば、2001年から2004年に国際分析心理学会 (International Association for Analytical Psychology) の会長を務めたユング派分析家マレー・スタイン (Stein, Murray) は、出版翌年の6月に掲載された書評の冒頭で次のように述べている。

> ユングの大著『赤の書』は、著者の中年期の変容の過程を注意深く様式化した記録である。2009年に *The Red Book: Liber Novus* とのタイトルでノートン社から豪華に復元された本書は、ユングの公刊された作品群の中でも出色の存在と言える。それは『赤の書』がおよそ100年前に着手されて以来はじめて研究者および一般の人々の手に入るようになったからというだけではなく、この作品に込められた特別な配慮と犠牲のためである。『赤の書』は並外れた人間による、並外れた文学的・芸術的作品の、並外れた出版物である。この本に関するすべてが圧倒的なのである。[17]

スタインは、ユング自身はこの出版にもう少し慎重な態度をとることを好んだかもしれないと留保しながらも、日頃ユングやユング派に対して寄せられがちな批判的な見解とは裏腹に、『赤の書』が爆発的に売れ行きを伸ばし、またその評価も押しなべて高いことを指摘する。そのうえで、出版

された『赤の書』について、大きく以下の三つの観点から考察を行っている。

　一点目は、当時のユング自身の伝記的背景との関連からである。スタインによれば、『赤の書』に色濃く見て取れるユングの格闘の背後には、フロイトから、またフロイトに象徴される学問的な蓄積から離れて、たった一人になるということへの恐れとの直面というテーマが流れていた。ここからユングの歩みは、「隠遁者の道に、つまり、自分自身の魂との正しい関係をとることを求める、『個性化』していく人間の道になった」[18]という。

　二点目は、『赤の書』における神学的な側面に関して。ユング後期の『ヨブへの答え（*Antwort auf Hiob*）』（1952）などで顕著に見られる、「悪の問題」への取り組みがこのときすでに始まっており、特に「試練」における、善悪を統合した神アブラクサス（Abraxas）への言及など、その神性の理解においてグノーシス主義との結びつきが見られることが指摘されている[19]。

　そして三点目は、『赤の書』をユング思想の基礎概念を築いた重要な源泉として捉える見方である。プラトンやカント、ショーペンハウアー、ヘーゲル、C・G・カールス、ゲーテ、シェリング、グノーシス主義、錬金術、そして東西の宗教等々からユングの思想が受けた影響についてはこれまでも論じられてきたが、『赤の書』の出版によって、それらと全く異なる内的な影響の源泉を詳細に知ることができるようになったとして、スタインは次のように述べている。「ユングの身に生じた混乱、イニシエーションへの挑戦、変容は、彼の世界観を永久に変えてしまった。『赤の書』は分析心理学が創造されるビッグ・バンの日を一番近くで垣間見せてくれる」[20]。

　さて、この書評におけるスタインの論点とちょうど対応するように、ユング研究において『赤の書』を扱っていく際には、まず次の三点のアプローチ方法を想定することができる。

　第一に、ユング自身の生活史と『赤の書』の内容を関連づけていく、あるいは『赤の書』の内容にユング自身の変容の過程を見ていく方法。

　第二に、『赤の書』に影響を与えている他の思想との関連から、あるいは『赤の書』と直接的には関連のない他の思想から『赤の書』を読み解く方法。

　第三に、『赤の書』をユング心理学の源泉の一つと捉え、その内容を後に

ユングが展開していった理論およびユング派の臨床と結びつけていく方法。

　もちろん、この三つのアプローチは必ずしも網羅的なものではなく、またそれぞれ他の二つの観点と密接に関わっているケースも多分にありうるものだが、以下ではさしあたりこの三点に沿って先行研究を概観してみることにする。

第一の方法：ユング自身と『赤の書』の関連

　第一の方法に分類されるものには、『赤の書』を「第一の書」「第二の書」「試練」を通じて展開していくユング自身の「個性化過程」・「失われた魂の探求」のプロセスとして分析するスタインの議論が挙げられる[21]。

　また、ブルッチェ（Brutsche, Paul）は、『赤の書』に収録された絵のうちの7点を取り上げ、それらが単なる挿絵ではなく、それらを描いていくことを通してユング自身が魂の変容を経験していったと捉えている[22]。ガイヤール（Gaillard, Christian）も、『赤の書』の6点の絵を分析しており、その一連の絵が提供する「器」のイメージに注目し、格闘の時期にあったユングにとって、『赤の書』が彼自身の原理的な「器」、変容を生み出す「るつぼ」として機能したとする[23]。

　その他、メレディス－オーウェン（Meredith-Owen, William）は、『赤の書』そのものについては詳細に分析していないが、『赤の書』や『ユング自伝』で描かれた自己探求の過程の背後に、ユングの生育史における「私（I）」という統合された感覚の確立をめぐる困難を見て取り、これについてウィニコット（Winnicott, Donald Woods）の議論に依拠しながら論じている[24]。

第二の方法：『赤の書』と他の思想との関連

　現在のところ、第二の観点による研究は他の二つの方法に比べて相対的に多いと言える。まず、『赤の書』を思想史的に位置づける試みとしては、ユングのシェリング思想からの影響を手がかりに『赤の書』を考察しているビショップ（Bishop, Paul）の研究が挙げられる。ビショップは、自由と必然、科学と芸術、実在論と観念論の関係といったドイツ観念論の問題圏を『赤の書』を読み解くための概念枠に据え、『赤の書』に描かれた内容を「観念

の永遠性から永遠性の観念へ」の過程であると分析している(25)。

　また、『赤の書』を他の文化の視点との関連から論じている研究には、以下のようなものがある。キルシュ（Kirsch, Thomas）は、長年にわたり論争の的であり続けてきたユングとユダヤ教との関係に新たな光を投げかけるテキストの一つとして『赤の書』を取り上げ、ユダヤ教の神秘主義の伝統に対する1930年代以降のユングの態度の変化を知るための手がかりとしている(26)。

　河合俊雄は、『赤の書』の構造と内容の両面を、日本の、あるいは前近代の視点から解読することを試みている。『赤の書』はユングが無意識の圧倒的な力に飲み込まれた病的な体験とされることがあるが、河合は主体と客体の区別が曖昧な日本の心性に照らして、『赤の書』の構造はむしろユングの「観察する自我」の強さの際立つものであることを示している。また、『赤の書』に顕著な死者の救済というモチーフを、死者が常に生者の近くに感じられており、文字通りの儀式が要請される日本および前近代的な心性を持つ地域と比較し、『赤の書』に「自省的・精神的・哲学的」であるような新しい儀式の可能性を見ている(27)。

　さらに、『赤の書』を他の思想や文学作品と比較しているものには、ハント（Hunt, Harry T.）およびスラッテリー（Slattery, Dennis Patrick）の研究が挙げられる。ハントは、レヴィ＝ストロースやデュルケームなど、ユングと同時代の社会科学者の議論に照らしてユングの「集合的無意識」概念を再検討する論文の中で、ニーチェによる「神の死」の宣言以降の現代的な宗教の書と言える『赤の書』が、デュルケームが論じた社会的－文化的な「集合的意識」および神話的な「集合的表象」に当てはまる性質を持つものであると論じている(28)。

　また、スラッテリーは、『赤の書』の「第一の書」「第二の書」「試練」を、それぞれダンテの『神曲（*La Divina Commedia*）』における「地獄篇」「煉獄篇」「天国篇」に対応させ、いずれも作者の地下への下降の体験を詩的な形式に作り上げた作品であるとして、両作品の共通性を論じている(29)。『赤の書』との共通性が指摘されている文学作品については、『赤の書』の脚注においても数多く言及されており、このような研究は今後も数を重ねていくと思

われる。

第三の方法：『赤の書』の内容とユング心理学の理論との関連

　公刊された『赤の書』の脚注において、編者のシャムダサーニは、ユングが『赤の書』以降に展開した理論の萌芽を本文の細部に探し出し、厖大な数のユングの著作・講演からの引用と綿密に紐づけており、その尽力がすでに第三の方法の先鞭をつけていると言える。そこでは、18巻あるユング全集のすべての巻から満遍なく引用がなされており、未公刊のものを含む講演や書簡、手記、ユング周辺の人物による記録からの抜粋もまた夥しい数に上る。シャムダサーニが心理学史の立場から関連づけたそれらの仮説の一つひとつが、今度は思想研究の立場から検証されていく作業が必要となるだろう。

　そのような作業は多くの時間を要するものであり、現時点でユング心理学の理論とのつながりについて、思想研究として中心的に論じている研究は管見の限り見当たらず、触れられていたとしても示唆にとどまっている場合が多い。

　たとえば先に挙げたスタインは、別の論文において、ユングが『赤の書』の体験で得た象徴や着想を彼の心理学へと翻訳することにどの程度成功したかという問いを立てて考察を行っているが、ユング後期の「共時性」の概念や、『ヨブへの答え』および『結合の神秘（*Mysterium Coniunctionis*）』（1955-56）で展開される人間と神との弁証法の考えと『赤の書』の着想との連関が示されるものの、実際の内容を取り上げての詳細な分析はなされていない[30]。

　一方、『赤の書』をユング心理学の実践に結びつけて論じているものには、いずれも小論ではあるが、ブライト（Bright, George）およびマッケンナ（MacKenna, Christopher）の議論が挙げられる。ユング派の中でも精神分析と合流して発展したロンドン学派の分析家であるブライトは、『赤の書』に記されたユングの取り組みをユング自身の「自己分析」の記録と捉え、永遠で究極には定義し得ない「過程」をできるところまで捉えていこうとする点で、『赤の書』は診察室における分析家の試みと同型のものであり、その試みの本質

と困難を明確に示しているものであると述べている[31]。また、同じく分析家のマッケナは、ユングが『赤の書』において体験した「この時代の精神」と「深みの精神」との間の葛藤は、「この時代の精神」において「中立」であらねばならぬとされる現代の心理療法が、治療に携わる限りクライエントのこころの神的な「深み」の力に触れていかなければならないというジレンマに通底すると論じている[32]。

以上、①ユング自身と『赤の書』の関連、②『赤の書』と他の思想との関連、③『赤の書』の内容とユング心理学の理論との関連、という三つの観点から、現時点で提出されている先行研究を概観してきた。これを踏まえて、次項ではいよいよ本研究の目的の提示へと入っていくことにする。

1-4　本研究の目的

これまで見てきた先行研究を大枠で捉えるとき、ある意味で当然のことではあるが、いずれも公刊された『赤の書』を一つのユングの著作として引き取り、その内容を考察しているという共通点が見られる。ユング自身も自分の死後に『赤の書』が出版され、いずれかの段階で研究されることを覚悟していたというし[33]、彼の名で書かれ、出版されている限りにおいて、『赤の書』がユングの著作であるのは確かに明らかなことである。しかし、ユングにとっての『赤の書』の意味を考えるとき、それは果たして彼の他の著作と同質のものであったと言えるのだろうか。

1926年、ユングは被分析者（アナリザント）のモルガン（Morgan, Christiana）に対し、分析過程で生じるイメージの扱いについて、次のように話したという。

> すべてをできる限り美しく —— 美しく装丁された綴じ込み帳のようなものに書き留めることをお勧めします。［……］描かれた絵を大切な本にして収めておけば、あなたはその本のもとに通い、そのページを繰ることができます。あなたにとって、それは自分の教会 —— 自分の聖堂 —— あなたが再生を見出すあなたの精神の静寂の場となるでしょう。もし誰かにそれは病的だとか神経症的だとか言われたとして、そのことをあなたが聴き入れてしまうなら、自らの魂を失うことになります。

なぜなら、その本の中にこそ、あなたの魂はあるのですから。(34)

　ユングはまた、『赤の書』「第一の書」で、仮想の読者に向けて「私の道はあなたたちの道ではない」と語りかけ、自らの探求があくまでユング一人だけのものであり、一人ひとり違った進み方があるのであって、それぞれが自分の道を進むべきであるということを繰り返し強調している(35)。
　もしもユングが『赤の書』を自分にとっての「聖堂」であると捉えていたのなら、その内容は他の誰でもなく、自分だけのためのものであると考えていたのなら、われわれが公刊された『赤の書』を紐解く際には、一つ大きな留保が必要となるはずである。つまり、彼の心理学的理論と『赤の書』との連続性の如何について、立ち止まって検討する視点が求められるのではないだろうか。
　先ほどの分類に入っていないもう一つの先行研究が、この『赤の書』に内在する「本」としての特殊性を鋭く指摘している。

「本でない本」としての『赤の書』

　ギーゲリッヒ（Giegerich, Wolfgang）は、『赤の書』公刊直後の論文(36)において、そもそも「『赤の書』は本当に『本』なのか？　ユングの作品群の一部なのだろうか？」(37)との根本的な問いを投げかけている。ギーゲリッヒによれば、『赤の書』において、「私があなたたちに告げねばならないこと」(38)、「私があなたたちに与えるのは……」(39)といったように、明らかに読者を意識したかのような表現がしばしば選択されているにもかかわらず、ユングが生涯出版に対して躊躇していたのは、それが未完であること(40)や批判を受けることを恐れていたというような外在的な要因によるものであるだけでなく、彼が『赤の書』に対して「成立不可能な」本であるという明確な感覚を抱いていた証である。不可能性とはすなわち、「その性格において、預言的な説教でありながら、同時に一般読者にとっての教義であることを拒むものでもある」(41)という点にある。なぜなら、ユング自身は患者たちにそれぞれ「自分自身の『赤の書』」を持つように提案していたほど(42)であり、『赤の書』があくまで「彼専用のもの」(43)であって誰のためのもので

もないことを理解していたからである。したがって、ギーゲリッヒに言わせれば、公刊された『赤の書』からわれわれに対する普遍的なメッセージを読み取ろうとするような行為は、『赤の書』の「誤解であり誤用」(44)にほかならない。

　そのような意味で、同じく作者自身の内的体験に端を発しているアウグスティヌスの『告白（*Confessio*）』やダンテの『神曲』、ニーチェの『ツァラトゥストラ』のような文学作品と『赤の書』を、同じ性質の「本」および「芸術」(45)として取り扱うことも許されない。それらは、「個人の内的体験という唯我論的な私秘性から隈無く放免されており、ファンタジーや文学的な想像力へと解き放たれている」(46)ものであって、そもそも『赤の書』と決定的な違いがあるからだ。

　そして、ギーゲリッヒは次のように痛烈に述べる。

　　表面的にしか見ない人は、ユング派の心理学に熱狂的であればなおさら、『赤の書』に示されたイメージや一連の出来事の語りのシンボリズムを直接的に掘り下げようとしたがるだろう。それらから意味や知恵を発掘し、その全プロセスを個性化過程の真正なモデルとして用いるためである。しかし、心理学の仕事は見通すことである。没頭することではない。(47)

　この論文でギーゲリッヒが指摘している、『赤の書』の徹底的に個人的な性格をどのように考えるか。本研究の立脚点は、まさにこの問いにあると言える。

『赤の書』の個別性から普遍性へ
　ここでもう一度、ユング自身の言葉に戻ろう。ユングは晩年、自らが心理学の仕事に向かっていった過程について回想し、以下のように語っている。

　　『赤の書』において、私は自分のファンタジーに美的な仕上げをすると

いうそぐわない試みを続けたが、決して終わることはなかった。私はまだ適切な言葉で話していないこと、それをもっと他の何かに翻訳しなければならないことに気づき始めていた。そこで私は、美しく手を加えようとする傾向を適当なところでやめ、真剣に理解を得ようと努力することにした。多くのファンタジーが足元にしっかりした基礎を必要としていること、自分がまず人間らしい現実に完全に戻らなければならないことを悟ったのである。私にとってこの現実とは、科学的な理解を意味した。無意識が伝えてくれた知恵から、私は具体的な結論を引き出さねばならなかった。[48]

ユングは、『赤の書』をそのまま世に出すことではなく、彼自身の個別的な体験から、厳密で科学的な普遍性を導き出す方法を模索することを選ぶのである。

ただし、この試みが意味するのは、体験を心理学の言葉で直接的に解説することでも、その個別性を一事例として普遍性へと回収することでもなかった。ユングが心理学者としての道を再び歩み出した後も、『赤の書』は何年もの間、「聖堂」として、彼の傍らに置かれ続けることになる。『赤の書』、そしてユング自身の体験の領域はあくまでも個別的なものとして保持されたままであり、そのうえで、彼の心理学的理論は並行して構築されていくのである[49]。

ユングにとっての『赤の書』が個別的なものであり続けることに特別な意味があったのだとすれば、われわれは『赤の書』を単に彼の心理学的理論の源泉として一続きに見るのではなく、むしろ、彼がそれらの間に保とうとした緊張関係にこそ目を向けていかなければならないことになる。

ユングはいかにして、彼の個別的な体験から科学的な普遍性を導き出そうとしたのか。そのように構築された心理学的理論において、個別性はどのように扱われていったのか。

本研究では以上の観点から、ユング心理学における「個別性」の問題をめぐって検討を行っていくことにする。

そこでは、『赤の書』はユング自身の「個別性」を担保するものとして独

立して存在し続け、まただからこそ、その心理学的理論を醸成するための土壌になっていったものと位置づけられる。そのような意味で、本研究は第一義的には『赤の書』に描かれた彼自身の体験を理論化していったユングの方法についてのメタ的な考察ということになるが、本論の議論を先取りするならば、ユングが「個別性」を担保していくその方法こそが、彼の心理学の中核を占める「個性化」論の内容そのものになっていくために、その方法論の考察はそのまま彼の理論の内容の検討にもつながっていくはずである。

　それでは、この大きな課題を照らし出すために、どのような光を当てればよいのだろうか。次節では、検討のための方法を提示することにする。

第2節

検討の方法 ── ジェイムズの多元論哲学による照射

　『赤の書』における精神的危機の体験から再び立ち上がった直後の1921年、ユングは、彼の心理学的理論を構築していくうえで、個別の事例を科学の言葉に写し取っていく際の困難について以下のように述べている。

> 心理学の研究者は、自らが観察した現実を回りくどいいわば間接的な記述で表現せざるをえないことに何度も気づくことになる。数と量とで扱うことのできるような初歩的な事実を伝えるだけなら、直接的な表現でも語りうるだろう。しかし、実際の人間心理のうちのどれだけが、量や数で把捉可能な事実として体験されたり観察されたりするであろうか。［……］心理の本質により深く精通し、科学としての心理学により高い要求を持つ者なら、自然科学的な方法論の枠組みに限定された惨めな存在として細々と暮らしていくのをよしとしないだけでなく、実験的な方法論の枠内では、人間のこころの本質にふさわしいものであるどころか、複雑な心的現象の概観を示すことさえ絶対に成功しないことも認識しているだろう。[50]

ユングは『赤の書』以前の1907年頃までに、「言語連想実験」において、刺激語の提示からその語に対する連想までの反応時間を計測するという量的な方法においてすでに成功を収めていた。ところが、『赤の書』を経た上記のユングは、人間心理の探求において、個別的な現象の襞を正確に描く必要を感じており、そのためには量や数による表現では限界があると表明している。間接的で、回りくどいものであったとしても、より細かく個々人の「個別性」を写し取り、その多様な現実を扱うことのできる方法を求めるのである。個別的な事例から普遍的な理論を導き出す際に、いかに「個別性」を「普遍性」に回収せず、その多様性を担保していくか。この問いは、「多と一の問題」とも言い換えることができる。

　ユングは、やはり『赤の書』に描かれた体験以後の1916年に行われたある講義で、とかく一つの法則によって人間心理を分析しようとする一般的な心理学の傾向を「心理学的一元論、むしろ一神論」[51]と呼ぶ。それらは、現象の単純化が可能である点で有利な反面、一面的であるという弱点を持つ。実用性を得ることと引き換えに、多様性と、人生や世界の豊かな現実を縮減してしまっているというのだ。続いてユングは以下のように述べる。

> 　学問的精神にとっては少しも居心地のよいものではないが、それでも心理学は多元論の原理の価値を認めねばならない。それこそ、心理学を座礁から救う唯一の道である。この点で、心理学はウィリアム・ジェイムズの先駆的仕事に多くの恩義がある。[52]

　ここでユングは自らの立場を単純な「心理学的一元論」から区別し、ジェイムズ（James, William 1842-1910）の取り組んだ「多元論の原理」に心理学の光明を見出しているのである。

　ユングの口からアメリカのプラグマティズムの思想家ジェイムズへの恩義が語られるのは、意外に見えるかもしれない。ユング思想は従来、一時は強烈に惹かれ合いながらも決定的に袂を分かつという劇的な物語を通して、取りも直さずフロイトの精神分析との関係において検討されてきたからである。

ところが近年、『赤の書』の編者でもあるシャムダサーニが、この点について興味深い事実を明らかにしている。彼は『ユング自伝』の原稿を見つけ出し、公刊版においていくつかの重要な箇所が編集・削除されていたことを発見したのだ[53]。ここで削除されてしまったものの一つが、ジェイムズの存在であった。元のタイプ原稿には公刊版第Ⅴ章の「ジークムント・フロイト」に続いて「テオドール・フルールノワとウィリアム・ジェイムズ」なる章が存在したという。ユングはここで、フロイトが失敗した問題が、この二人の心理学者によって肯定的に答えられていたと主張する。特にジェイムズに関しては、その人柄と哲学に向けての最大の賛辞が綴られていたというのである。

　心理学、宗教学、哲学など、さまざまな分野で活躍したジェイムズは、常に個人の経験の価値について論じ、生涯をかけて多元論の哲学を展開した思想家であった。晩年の『自伝』においてもなお、ユングが決して恩義を忘れることのなかったジェイムズという思想家から、ユング心理学は何を受け継いだのだろうか。こうした観点から読み直すとき、彼の「個性化」論もまた、従来の読解とは違った新たな様相を呈して浮かび上がるはずである。

　そこで本研究では、第Ⅰ部を「個別性の探求」と題し、ユング心理学草創期におけるジェイムズとの思想的共鳴をたどる中で、彼がジェイムズから引き継いだ多元的な側面について検討することにする。

　第1章では、ユング心理学成立以前のユングに注目し、ユングとジェイムズの直接の出会いや、互いに関する言及箇所を確認していくことを通じて、思想的観点から両者の理論の共通点を考察するという本研究の試みの必然性を明らかにする。続く第2章、第3章では、ユングのタイプ理論に着目する。ユングの『タイプ論 (*Psychologische Typen*)』(1921) は、『赤の書』以後構築されたユング独自の心理学の最初の結実であり、またその後の展開の「鍵」とも言われるものである。第2章では、『赤の書』前後のユングが高く評価しているジェイムズの『プラグマティズム (*Pragmatism*)』を取り上げ、その論点と、ユングのタイプ理論に引き継がれた思考法について考察する。そして第3章では、タイプ理論の『赤の書』前後の質的変化に注目

し、彼の思想を醸成した土壌としての『赤の書』の体験を検討する。ここまでにユングがジェイムズの方法論を受容し、それを意識的に乗り越え、独自の理論を形成する過程が描き出されることになるだろう。

しかし、ジェイムズの方法論をある点においては乗り越えたとはいえ、その後のユング心理学の展開にも、ジェイムズの理論との少なからぬ接点が見受けられる。第Ⅱ部は「個別性から普遍性へ」と題し、第4章、第5章を通して、ユングの理論展開の深化を、さらにジェイムズの他の著作との連関において検討していく。第4章では、『タイプ論』以降のユングがたびたび引用することになるジェイムズの『宗教的経験の諸相 (*The Varieties of Religious Experience*)』を取り上げ、ユングの宗教論との比較を行う。第5章では、ユング「個性化」論における「個別性」の意味合いを改めて確認したうえで、ジェイムズ最晩年の『多元的宇宙 (*A Pluralistic Universe*)』における哲学的世界観を手がかりに、ユングが錬金術研究を通して探求した問題について検討する。

以上を通して、ジェイムズの多元論哲学という光源によって照らし出される、ユング心理学における「個別性」の問題とその課題を立体的に描き出していくことが、本研究の目指すところである。

それではさっそく本論に入っていきたい。

第Ⅰ部

個別性の探求

第1章
ユング心理学成立前夜
フロイト中心的解釈からの脱却の可能性

私の魂よ、あなたと共に、私の旅は続くことになる。
あなたと共にさまよい歩き、私の孤独へと昇っていこう。
(『赤の書』「第一の書」より)[1]

第1節

『赤の書』へ

　本章では、1902～1913年前後のユングの生活史を概観する中で、この間に彼が接触したジェイムズの存在を、従来「フロイト中心的（Freudocentric）」[2]に解釈されてきたユングの思想を読み替えるための手がかりとして提示していく。

　ここでまずは、『赤の書』のきっかけとなったヴィジョンに出会う1913年のユングに目を向けることにしたい。

1-1　1913年のユング

　当時のことを、ユング自身は次のように振り返っている。

> 大洪水のヴィジョンを見た1913年10月は、人間としての私にとって重要な時期であった。当時40歳を迎えようとしていた私は、それまで望んできたこと全てを達成してしまっていた。私は名声、権力、財産、知識、その他のあらゆる人間の幸福を手に入れていた［……］かくして、私は戦慄に襲われたのである。[3]

　彼は30代のうちにすでに、心理学の世界で一定の成功を収めていた。1900年12月、バーゼル大学医学部を卒業して間もなくの25歳のユングは、チューリッヒのブルクヘルツリ精神病院で、オイゲン・ブロイラー（Bleuler, Eugen）の助手として働くようになる。駆け出しの医師としての病棟での仕事の傍ら[4]、「いわゆるオカルト現象の心理と病理（Zur Psychologie und Pathologie sogenannter okkulter Phänomene）」と題する学位論文を執筆し、1902年に学位を取得する。また、1903年には7歳年下のエマと結婚、1男4女をもうけることになる。その後「言語連想実験」に着手し、この成果は広く認められるところとなった[5]。そして、1905年には教授資格を取得し、チューリッヒ大学の講師に選任され、さらに医局長の仕事も任される[6]。先ほどの引用で、ユングが「望んできたこと全て

を達成してしまっていた」と述べるのも、決して大げさではないのがわかる。

ところが、それほど順風満帆であったユングの人生に、1913年の初頭、ある重大な出来事が起きる。1907年頃から特別な親交のもとにあったフロイト（Freud, Sigmund）と決定的に袂を分かつことになるのだ。

1-2　フロイトとの邂逅と訣別

本人たちのみならず多くの箇所で時には神話のようにさえ語られる、この精神分析運動の初期における二人の出会いと訣別というエピソードを、以下に少したどってみることにする。

ブルクヘルツリ時代のユングは、同僚たちが当時一般的だった診断方法や統計にもっぱら関心を寄せていた傍らで、「患者たちの内面で何か起こっているのか」に対して一人強烈な疑問を抱いていたという。

そのようなユングにとって、フロイトが発表しつつあった考え方は、個々の事例を徹底的に理解するための道を指し示すものに思われた。1900年の出版当時にはまだよく理解できなかったというフロイトの『夢判断（*Traumdeutung*）』を、ユングは1903年に再び取り上げ、そこに自らの考えとの連関を発見する。そしてじきに彼の著作に親しむようになり、学会や自らの論文においてフロイトへの支持を表明していくのである。1906年4月に文通が開始され、1907年2月、ウィーンにあったフロイトの自宅に招かれたユングは、そこで彼との初めての面会を果たす。このときのことをユングは次のように回想している。

> われわれは午後1時に落ち合い、実に13時間の長きにわたって休みなく話し続けた。フロイトは、私の出会った最初の真に重要な人物であった。私のその時までの経験では、他に誰一人として彼に匹敵する人物はいなかった。[7]

一方のフロイトにとっても、ユングの存在は真に重要なものだった。当時、性を前面に押し出したフロイトの理論は悪評が高く、また、そこに彼がユダヤ人であったことが重なって、フロイトと接触するには学問的な経

歴を犠牲にする覚悟が必要とされたほどであったという。そのような中でのユングの支持がフロイトにとって言い尽くせぬほど貴重であったことは、彼がユングを自らの「後継者であり皇太子」[8]とまで称したことからもうかがえる。1909年には、7週間に及ぶアメリカへの講演旅行に共に出かけるなど、二人の親交は友情を優に超えたものとなっていたのである。

しかしその一方で、フロイトが常に性理論に絶対の解釈基盤を置いていたことは、はじめからユングに違和感を覚えさせてもいた[9]。ユングは現代人の夢やファンタジーの中に現われる古来の神話や宗教的なモチーフを、フロイトのように個人の性に還元させて捉えるのではなく、より集合的な象徴として理解するようになる。それをまとめたユングの著書『リビドーの変容と象徴 (*Wandlungen und Symbole der Libido*)』(1911-12) が二人の見解の相違を露わにし、両者の間に横たわる溝は決定的なものとなるのである。その執筆中から予期されてはいたものの、フロイトとの訣別はユングに大きな打撃を与えることになる。1913年1月6日付の手紙を最後にフロイトとの個人的な関係を絶ったユングは、当時のことを振り返って、以下のように述べている。

> フロイトとの別れの後、私にとって内的な不確実さ、つまり方向喪失の時期が始まった。私は完全に宙吊り状態にあると感じた。なぜなら、私は私自身の立脚点を未だ発見していなかったからである。[10]

ユングが『赤の書』のきっかけとなる大洪水のヴィジョンを見るのは、同年の10月のことであった。彼は確かな「立脚点」を持たないまま、自らに起こるイメージに身を任せていく。こうして、『赤の書』の時期が始まるのである[11]。

第2節
『ユング自伝』の失われた断片

『赤の書』に描かれるこの後の体験は、序章にて確認したように、ユング

独自の理論が構築されるにあたって、非常に重要な位置を占めていると言える。彼の晩年の語りをまとめた『ユング自伝（*Erinnerungen, Träume, Gedanken*）』では、前節でたどってきた事柄の回想が「第Ⅳ章　精神医学的活動」「第Ⅴ章　ジークムント・フロイト」においてなされ、この後に『赤の書』の時代を描いた「第Ⅵ章　無意識との対決」、そして「第Ⅶ章　研究」が続いている。つまり、フロイトとの蜜月と別れによる喪失、そこからの見事な復活と中年期以降の独自の理論構築が一つの物語として提示されているのである。

　ユングについて現在普及している理解は、この『自伝』が提示する物語に大きく依拠してきた。夢やヴィジョンなど数々のイメージに彩られ、ユング自身の言葉で語られたものとして、『自伝』はユング研究において重要な位置を占め、そしてまたほとんど無批判に享受されてきたと言える。

　ところが近年、イギリスの心理学史家であるシャムダサーニが、『自伝』に関する興味深い事実を明らかにしている。『自伝』成立の過程において、複数の人物の手により、いくつかの重要な箇所が編集・削除されていたというのである。それらはいずれも、ユングにとって大きな影響を与えた人物や事柄についての叙述であり、その中には本論の主役の一人となるジェイムズに関するものも含まれていた。これを考慮するとき、『赤の書』前後のユングをめぐる物語は、もう少し複線化されることになる。

　本節では、シャムダサーニによる議論をもとに、『自伝』成立の経緯と、『自伝』草稿におけるユングのジェイムズへの言及箇所を追っていくことにする。

2-1　『自伝』成立の経緯

　「普及しているユング理解があまりにこのテキストに依拠しているため、『自伝』のラディカルな読み直しなしに、このような理解が改められる見込みはない」[12]との観点のもと、シャムダサーニがまず着目したのは、『自伝』成立の経緯であった。シャムダサーニによれば、ユングは、あらゆる思想の根幹に思想家自身の人生や主観が深く関わっているという考え[13]から、伝記・自伝の重要性を高く評価していたにもかかわらず、彼自身、公

の場で自らのライフストーリーについて語ろうとはしなかったという。

　たとえばユングは、あるセミナーにおいて、自伝一般の真実性に対し疑義を表明している。人は、自分自身の秘密や劣等な部分を決して告白しようとはしない。それは「砦の鍵を敵に引き渡すのにも等しい」行為であるからだ。このため、「たいていの自伝は嘘をつく」[14]。

　しかし結局のところ、こうしたユング自身の意思に反し、編集者ヴォルフ（Wolff, Kurt）と秘書のヤッフェに説き伏せられる格好で、『自伝』出版の話が現実化する。ヤッフェがユングに質問を投げかけ、それに対するユング自身の語りをヤッフェが書き取るという形式で1957年春に作業が開始され[15]、1962年、ついに現在公刊されている『自伝』が上梓されるに至るのである。

　ところがシャムダサーニは、『自伝』成立の段階で、すでに重大な複数の削除がなされていたことを指摘する。ヤッフェによれば、彼女が行ったインタビューにおいて、ユングの語りは「自由連想のように」時系列を無視したものであり、原稿に起こす際には連想の「もつれをほどき」、「首尾一貫した語り」に直す必要があった。そこでヤッフェによる編集が行われたうえに、その原稿が公刊版に編集される際に、ヤッフェを含む複数人の手によって、再び大規模な改訂がなされたというのである[16]。

　ここで削除されてしまったものの一つが、ユングに多大な影響を与えた人物としてのジェイムズの存在であった。

2-2　『自伝』草稿におけるジェイムズへの言及

　公刊版において、章の名前に個人名を冠しているのは、第Ⅴ章の「ジークムント・フロイト」に限られるにもかかわらず、元の原稿にはこれに続いて「フルールノワとジェイムズ」なる章が存在したという。

　シャムダサーニによれば、ユングはここで「フロイトが失敗した、いかに非－神経症的な心理学を創設しうるかという問題が、すでにフロイト以前にフルールノワ（Flournoy, Théodore）[17]とジェイムズによって肯定的に答えられていた」と主張していた。ユングにはこの二人の心理学者の存在が、「フロイト批判を固める際の助けとなり、フロイト以後の心理学を系統立てて述べる際の方法論的な前提条件を提供した」として、その意義を高く評

価していたというのだ。

　特にジェイムズに関して、ユングは学問上の恩義を詳細に描き出そうと努めるとともに、ジェイムズの最晩年に会合したときのことを回想し、ジェイムズは彼が「出会った中で最も傑出した人物のうちの一人」であり、自らの「手本」であり続けたと、彼の人柄とその哲学に向けての最大の賛辞が綴られていたというのである[18]。

　ところが、公刊された『自伝』において、実際に「フロイト」の章に続いたのは、フロイトとの訣別後の精神的混乱とそこからの回復を記した「無意識との対決」の章であった[19]。

　この二つの章の間に存在したかもしれない幻の章の位置づけを考慮すれば、『自伝』における「無意識との対決」の意味合いはいささか異なった様相を帯びてくる。ユングは、フロイト喪失に始まる夜の航海にたった「一人」で乗り出したのではなく、そこには何らかの水先案内人がいたのかもしれない。その後打ち立てられるユング自身の思想は、決してにわかに現れ出たものではなく、「方法論的な前提条件」を持つものであったと推測することが可能になってくるのではないだろうか。

第3節
ユングとジェイムズの接点

　同時代を生きながら、大西洋を隔てた別々の大陸で過ごしたユングとジェイムズではあったが、実はわずかながら直接の接点があったという。

　本節では、この二人が出会った貴重な機会と書簡における互いへの言及箇所をたどってみることにしたい。

　ユングがジェイムズと出会うのは、ちょうど彼とフロイトとの関係が軋み始めた頃のことであったという。

3-1 ジェイムズとの出会い

船上の夢

1909年夏、ユングはフロイトとともにアメリカに向かう船上にいた。この7週間に及ぶ講演旅行の間、二人は互いの夢を毎日分析し合ったという。そして、この旅こそが、二人の違いをより浮き彫りにすることになるものだった。

ユングは旅の途中、次のような印象的な夢を見る。

> 私は自分の知らない家の中にいたが、それは2階建てであった。それは「私の家」だった。私は2階にいたが、そこにはロココ様式のきれいな古い家具の備え付けられた空間があった。壁にはきれいな古い絵がたくさんかかっていた。私はこの家が私の家だろうかと不思議に思い、そして「悪くはないな」と思った。しかしそのとき、私は階下がどんなふうになっているのか知らないことに気づいた。階段を降りて、1階へ着くと、そこにはもっと古いあらゆるものが揃っていて、私は家のこの部分は、ほぼ15、6世紀頃の時代のものにちがいないと悟った。家具は中世風で、床は赤い煉瓦張りであった。どこも少し暗かった。私は「さて、私は本当に家中を調べて回らなくちゃならない」と思いながら、一部屋ずつ見て回った。重いドアに行き当たり、開けてみると、私はその向こうに地下室に通じる石の階段を見つけた。再び降りていって気がつくと、私は、ずいぶん昔のものと思われるきれいな丸天井の部屋にいた。壁を調べているうちに、私は、ふつうの石塊の間の煉瓦積みの箇所と、モルタルの中のブロックのかけらとを見つけた。これを見るが早いか、私は壁がローマ時代の物だと了解した。ここに至って、私の興味は強烈なものになっていた。私は床をもっと綿密に調べた。それは石板でできていて、そのうちのひとつの中に私は輪のあるものを見つけた。それを引っ張ると石板が持ち上がって、またもや深いところへ降りていく狭い石の梯子段が見えた。私はまたこれらも降りていって、岩に彫り込まれた低い洞穴へ入っていった。床にはひどい埃がたまっていて、屑の中には原始文化の名残のように、ば

らばらになった骨やこわれた陶器類が散らばっていた。私は明らかに非常に古くなかば壊れかけた人間の頭蓋骨を二つ見つけたのである。それから目が覚めた。[20]

　ユングは夢の中で、2階から1階、1階から地下へと、どんどん深く降りていく。進めば進むほどますます暗く、妖しくなっていくこれらの景色は、ユングにとって、意識のほとんど到達し得ないような無意識の古層の存在を示唆するものであり、個人の問題を超えた集合的なこころの様式を暗示していると確信された。
　ところが、フロイトが主に興味を抱き、こだわったのは二つの頭蓋骨の存在であり、それに関連する願望を見出すようユングを促した。ユングは「死の願望」という線でこの夢を解釈しようというフロイトの意図を汲み取り、死を願う者として妻と義妹の名を挙げてその場をしのぐ。しかし、このときユングの胸には、フロイトがこの種の夢を扱うには全くの無力であること、この夢の本当の意味を見つけ出すことが自らの使命であるとの思いが抱かれたという[21]。
　ユングは、この夢が彼を「はじめて『普遍的無意識』の概念に導き、『リビドーの変容と象徴』への一種の前奏曲となった」[22]と述べている。ユングが帰国後にさっそく取りかかるこの著書こそ、彼とフロイトとの考え方の違いを初めて公にしたものであった。ちなみに、この本のはじめに、ユングは二種類の思考、言語や科学と親和性の強い「方向づけられた思考（das gerichtete Denken）」と受動的で連想的、想像的な「夢ないしファンタジー」とを比較して論じるが、そこで典拠としたのはまさしく、二人が旅の行く先で出会うことになるジェイムズの枠組みであった[23]。
　二人の関係に暗雲が立ちこめる中、彼らを乗せた船はジェイムズの待つアメリカの地に到着する。

クラーク大学心理学会議
　1909年9月7日、アメリカ・マサチューセッツ州のクラーク大学にて、大学創設20周年を記念した心理学会議が開催される。アメリカとヨーロッパ

から、心理学や精神医学、哲学、教育などの専門家や大学院生が多数集ったというこの機会に、ユングとフロイトは学長のスタンレー・ホール（Hall, Granville Stanley）によって招待を受けていたのである。彼らはここで講演を行い、名誉博士号を授与された[24]。

そしてこの場所で、ユングとジェイムズは初めての出会いを果たす。

それはユングが34歳、ジェイムズにとってはその最晩年にあたる、67歳のときの出来事であった。

ジェイムズは1890年頃より、意識の周縁としての無意識の探求に大きな関心を寄せていたという。自ら中心となってアメリカ心霊研究協会を結成するのが1884年のことであり[25]、特に『心理学原理（*The Principles of Psychology*）』（1890）の発表前後から、ジェイムズの関心は、異常心理研究と心霊研究という、心理学の限界領域へと向かっていった。当時ヨーロッパ以外では知られていなかったフロイトをアメリカの科学界に初めて紹介したのも、ジェイムズその人であった[26]。

一方のユングは、1902年に提出した学位論文「いわゆるオカルト現象の心理と病理」において、夢遊病と霊媒現象を示す一人の少女を約2年間にわたって観察した症例報告を行った。医学部の学生時代より超心理学的な現象に関心のあった彼は、15歳半ばであった母方の従兄妹、ヘレーネ（Preiswerk, Helene）を霊媒とする親戚の会合に参加し、その交霊の様子を詳細に記録したのである。ユングはこの論文で、当時のフランス語、ドイツ語、英語圏における多くの研究を紹介する中で、ジェイムズの『心理学原理』から二つの多重人格の症例を取り上げている。一つは、アンスル・ボルン（Ansel Bourne）という精神病質の男性の自動遊行症のケース、もう一つは、メアリー・レイノルズ（Mary Reynolds）という女性の不可逆的な性格転換に関するケースである。ジェイムズと直接会ったことこそなかったものの、その異常心理学の研究の功績にユングはすでに強い関心を抱いていたのである。

クラーク大学での会議の夜、学長のホールは自宅にユングやフロイトらを招き、晩餐会を開く。夕食後、ジェイムズが現われる。当時ホールは、ジェイムズの霊媒実験を冷ややかに見ており、そのことを文献で知っていたユングは、二人の個人的な関係がどのようなものなのか興味を抱いていた。

すると登場したジェイムズは、「あなた方が興味のある論文（paper）を持ってきましたよ」と胸ポケットに手を入れ、皆が注視する中、そこからドル紙幣の束を取り出してみせるという一幕を演じ、その場を楽しませたという[27]。

それからユングとジェイムズは2晩を共にし、1時間足らずの短い会合ではあったものの、互いの関心を交わし合う。特にジェイムズが行った霊媒パイパー夫人の実験について、熱心に話し合った。

テイラー（Taylor, Eugene）は二人の出会いについて次のように述べる。「こうしてその夜、類まれな経歴を終えようとしていたジェイムズと、まだ始まったばかりのユングという、二つの大きな帆船がすれ違った」[28]。

書簡における言及

この日のことを、二人はそれぞれ他の人物に宛てて書き送っている。会合直後の9月28日、ジェイムズは友人フルールノワへの手紙で、さっそく心理学会議について言及している。

> 私は1日だけ、フロイトがどんな人物か見に［会議に］出かけました。そこでチューリッヒのユング[29]にも会いましたが、彼はあなたのことをとても高く評価していましたし、大変気持ちのよい印象を受けました。[30]

ユングも後に、とある女子学生の質問の手紙に対し、ジェイムズとの会合を振り返って以下のように述べる。

> 私は当時、まだほんの若造でした。［……］私はジェイムズと楽しい2晩を過ごしましたが、彼の清澄な精神と、知的偏見のかけらも見せない態度には、とてつもない感銘を受けました。［……］超心理学にかなりの関心があり、ウィリアム・ジェイムズとの対話も、とりわけそうしたテーマ、また宗教的現象の心理学に関するものでありました。[31]

また、別の機会にも、ジェイムズの人柄について次のように述べている。

> 私は彼のヨーロッパ的な教養と、偏見のない広い心に感嘆しました。彼の人格は際立っていたし、彼と交わす会話は本当に感じのよいものでした。非常に自然で、気取りや尊大なところがなく、私の質問や言葉にも、まるで同等の人物に対するように答えてくれたのです。［……］私は彼の思い出を誇りに思うし、常に、彼が私に示した手本をできる限り思い返してきたのです。(32)

この会合の翌年、ジェイムズは持病の心臓病でこの世を去ってしまう。二人の接触はその後叶うことはなく、この機会は一度限りの大変貴重なものとなった。両者は互いに好印象を残しており、特にユングは、ジェイムズを「手本」として、常に思い返してきたとまで語っており、この出会いは彼の人生に大きく影響を及ぼすことになるのである。

3-2　思想的接点

そして、ジェイムズがユングに与えたインパクトは、彼の人格的な側面にはとどまらなかった。ユングは後に、論文「人間行動の心理的要因（Psychologische Determinanten des menschlichen Verhaltens）」において以下のように述べている。

> 省略してはならない人物が一人だけいる。それは、ウィリアム・ジェイムズその人である。彼の心理学的なヴィジョンとプラグマティズムの哲学は、一度ならず私の導き役となってくれた。人間の心理学の地平が不可知の領域にまで広がっていると私に認識させたのは、彼の広範にわたった精神にほかならない。(33)

ここにユングは、ジェイムズの心理学的なヴィジョンとプラグマティズムの哲学を自らの「導き役」と位置づけており、彼から受けた思想上の恩義を示唆しているのだ。ユングの思想の形成において、ジェイムズの存在、

そしてその思想は、一体どのような意義を持ったのだろうか。

　ここまで確認してきたさまざまな事実は、「フロイト中心的」に理解されてきたユング思想を再解釈するための、大きな手がかりを示していると言える。ユング思想を、ジェイムズからの影響・思想的連関において新たに読み直すという試みも、いよいよ必然性を帯びてくるはずである。

二人の関係に関する先行研究
　もちろん、これまでもユングとジェイムズの思想的な共通点については、たびたび指摘がなされてきた。
　たとえば、シャムダサーニとテイラーは、上記のユングとジェイムズの接触について歴史的な観点から検討した後に、両者の思想的連関についても若干の考察を試みている。
　シャムダサーニは、「ジェイムズの後期の仕事は、ユングに決定的な衝撃を与えた」と述べ、プラグマティズム、多元主義、タイプ論の三つの観点からジェイムズの後期思想について概観を行っている[34]。
　また、テイラーは、「ユングの仕事におけるジェイムズの遺産」として、以下の五点を挙げている。第一に、フロイトとの訣別後のユングが、ジェイムズを引用することで、フロイトと出会う以前の「個人的・専門的」ルーツに戻ることができた点、第二に、ジェイムズの『プラグマティズム(*Pragmatism*)』が、ユングの「心理学的タイプ」の理論の形成に影響を与えた点、第三に、ジェイムズの「意識の周縁」という概念が、ユングの「集合的無意識」の理論に影響を与えた点、第四に、ジェイムズの『プラグマティズム』がユングの科学観に影響を与えた点[35]、第五に、ユングがジェイムズの心霊研究や聖書解釈、感情理論について高く評価し、書簡や著作にて繰り返し言及している点、の五点である。
　テイラーによれば、ジェイムズはユングの「人生と思想とに影響を与えている」。しかし、1890年以降のジェイムズが、その心霊研究や神秘的な宗教体験の研究のために、多くの心理学者に読まれてこなかったこと、そしてユングが、「集合的無意識」や「元型」といった概念のために、アメリカの精神医学において強調されてこなかったことが災いし、二人の影響関係

はこれまで知られてこなかった、と述べている[36]。最後に、テイラーはこの論文を次の一文で締めくくる。「彼らが支持したより広い枠組みに対する理解を改めれば、人間全体に対する知を構成しているものへのわれわれの見方は恐らく劇的に変容することだろう」[37]。

シャムダサーニとテイラーの研究は、以上の思想的連関を示唆するにとどまっており、残念ながら実際の具体的検討にまで立ち入ることはない。

また、上山安敏は、ユングとフロイトの思想を比較する中で、ユングとジェイムズの関係についても言及している。上山によれば、フロイトが最後までアメリカに対して良い印象を持たなかったのに対し、ユングがジェイムズを含めたアメリカに強く魅せられたのは、「集合的無意識」の概念が生まれつつあったユングの心に、アメリカに根づく「野性的原初性」が魅力的なものに映ったからであった。そして上山は、ユングがその後、ジェイムズのプラグマティズムに触れたことも指摘するが、「プラトン主義」の立場に立ったユングとプラグマティストのジェイムズの間には「境界」があり、あくまで二人を結びつけているのは「心霊現象の科学的実験」であるとして、ジェイムズが及ぼした思想的な影響については論じていない。

ユング派のヒルマン（Hillman, James）も、ユングとジェイムズの思想的接点について言及しているが、やはりあくまで思想的類縁性を述べるにとどまっている。ただし、ヒルマンは、ジェイムズ最晩年の著書『多元的宇宙（*A Pluralistic Universe*）』を取り上げ、そこで称揚された「個別性（eachness）」の概念こそ、自らの理論がジェイムズおよびユングと共有している点であると述べており、この点については本論第5章にて詳しい検討を行うことにする。

以上に確認したように、ユングのその後の思想的展開に垣間見られるジェイムズからの影響に対する指摘はあっても、それらについてこれまで詳細に分析されることはなかった。そこで本研究では次章以降、ユングとジェイムズの忘れられた連関に改めて着目し、これをユング心理学における「個別性」の問題を照らし出す手がかりとすることにする。

立脚点としてのタイプ研究

さて、もう一度、本章の最初の地点、1913年のユングに戻ろう。

ジェイムズとの出会いの後、1913年初頭にフロイトとついに訣別したユングは、同年、『赤の書』に描かれた「無意識との対決」の時期に入る。
　そして、ユングが長い沈黙を経て、再び著作活動を始めるようになったとき、その黎明を告げることとなった大著は、1921年の『タイプ論（*Psychologische Typen*）』であった。
　ホーマンズ（Homans, Peter）は、この点について劇的に表現している。

> 驚くべきことに、この［精神的危機の］時期が過ぎ去ったとき、新しい思想、すなわちユング思想が中心を占めることになったのである。そしてその新しい体系の鍵となるのが、タイプの理論であった。[38]

　また、『タイプ論』の邦訳を行った林は、タイプ研究がユングにとって「暗闇体験の原因を学問的に明らかにし、方法論的な立脚点を確立するのに役立った」[39]と述べ、また別の箇所では以下のような推定を行っている。

> おそらくユングがこの時期にタイプ論の研究を行なったのは、タイプ論の研究中に、いま自分が必要としている方法論の確立を可能にする何かがあることを、予感していたからではないであろうか。[40]

　ホーマンズや林が述べるように、ユングがタイプの研究を杖に自らの暗闇を探り、それを支えにもう一度立ち上がったのだとすれば、なぜ彼は特にタイプの理論を「方法論的な立脚点」に選んだのか。
　次章では、この問いをめぐって考察を進めていくことにする。ここに、ジェイムズとの第一の思想的連関が見出される。

第2章
タイプ理論とプラグマティズム
「個人的方程式」としての諸類型

　　　　計り知れない遠いかなた、天頂に唯一つの星がある。
　　　　　　これが一人の人の一つの神である。
　　　　これはその人の世界、そのプレロマ、その神性である。
　　　　　　　　　　　　　　　（『赤の書』「試練」より）[1]

第1節
『プラグマティズム』との接触

　本章では、ユング自身がその著作の中で繰り返し影響を示唆している、ジェイムズの著作『プラグマティズム (*Pragmatism*)』(1907) を手がかりに、ユング心理学の「鍵」とされる彼のタイプ理論について検討する。

　ユングは『プラグマティズム』といかにして出会い、これを受け取ったのだろうか。

　会合から3年後の1912年、再びアメリカの地に立ったユングは、フォーダム大学での講演において、出版から間もないジェイムズの『プラグマティズム』[2]からの長い引用とともに、彼がこれを「自らの導きの糸として受け取った」と明言している[3]。さらに1914年には、ユングの論文「精神病の意味 (Der Inhalt der Psychose)」に、以下のような記述が見られる。

　　私は、ウィリアム・ジェイムズがプラグマティズムに関する本の中で行った、二つのタイプに関する優れた叙述を特に強調したい。[4]

　そもそもこの論文は、ユングが1908年1月にチューリッヒ市庁舎で行った学術講演の講義録である。講演と同年に発行のフロイト編 "Schriften zur angewandten Seelenkunde" シリーズの第3巻に収録され[5]、6年後の1914年に、序文と補遺を加え、再び同出版社より出版される。上の引用は、この新たに追加された補遺中の一文であった。つまり、この二つの版を見比べると、初版には存在しなかった、ジェイムズやタイプに関する言及が、1914年版に新たに書き加えられていることになるのだ。よって、この6年間の間に、ユングがジェイムズの『プラグマティズム』に触れ、インパクトを受けたというのは想像するに難くない。事実、上で述べたように、1912年にはすでに、ユングは講演においてこの本を取り上げているのである。少なくともこの年までに、何らかの形でジェイムズのプラグマティズム哲学に接していることは確かであると言えよう。

テイラーは、1913年から1917年の間に、ユングが多くの論文や講演でジェイムズを引用していることを指摘しており[6]、またシャムダサーニの調査によれば、ユングの所蔵していた『プラグマティズム』には、至るところに厖大な量のアンダーラインが引かれていたという[7]。

注目すべきは、この数年間が『赤の書』における「方向喪失」の時期と正確に重なっている点である。そして、その長い混乱の夜明けは、前章の最後に見たように、『タイプ論（Psychologische Typen）』の成立によって告げられたものだった。ユングの『プラグマティズム』との接触と、『タイプ論』の成立とは、一体どのような関係にあったのだろうか。彼の思想生成の場面に立ち会うために、改めて例の重要な年、1913年にまで時間を溯ることにする。

第2節
『赤の書』前夜のタイプ理論

実は、方向喪失期の直前、ユングのとある講演が、すでに『タイプ論』の構築を準備していた。ユングは、フロイトとの訣別の手紙から数か月後の1913年9月、講演「心理的諸タイプの問題のために（Zur Frage der Psychologischen Typen）」（以下、「心理的諸タイプ」）にて、『タイプ論』の萌芽とも言うべきさまざまな重要概念を提示している。ここでユングはまず、ヒステリー患者と統合失調症患者とに対比的に観察されるリビドーの流れを、それぞれ「外向（Extraversion）」および「内向（Introversion）」と定義する。しかしそれらは決して病理に限られたものではなく、「病理学の枠外にも」この二つのタイプを見ることができるとして、問題を人間一般に拡張することを試みるのである[8]。

というのも、当時のユングは、自分自身とフロイトが関係を絶つより以前にすでに明るみに出ていた、アドラー（Adler, Alfred 1870-1937）とフロイトとの精神分析学会内での対立が、「精神病理学の内輪もめ以上のものを示している」と感じていた[9]。タイプの問題に関心を持った理由について、ユング自身、後に次のように語っている。

表1 『赤の書』前後の出来事

1907年	ユングとフロイトの出会い／ジェイムズ『プラグマティズム』出版
1909年	ユングとジェイムズの出会い
1910年	ジェイムズ没
1911-1912年	ユング『リビドーの変容と象徴』を発表
1912年	ユング、米・フォーダム大学での講義序文で『プラグマティズム』から長い引用、自らの「導きの糸」になったと明言
1913年1月	ユングとフロイトの訣別
9月	講演「心理的諸タイプの問題のために」
10月	ヨーロッパ大洪水のヴィジョン
12月	『赤の書』執筆開始
:	
1921年	ユング『タイプ論』出版

　これを始める経緯には、次の問いが重要な役割を演じていた。フロイトから、そしてアドラーから私をどのように区別すればよいか、われわれの見解の相違はどこにあるのか、という問いである。これについて熟考するうちに、私はタイプの問題に出くわした。[10]

　フロイト、そしてユングとほぼ同時期にフロイトから離反していたアドラーとの間で、自らをどのように位置づけるかという問題は、ユングにとって喫緊の重要課題であった[11]。すなわち、これを人間一般の性向としての「二つの心理的タイプ」の対立によって説明できるのではないかと考えたのである。
　その探索のまさに最初期とも言える講演で、ユングは自らの議論を根拠づけていくために、哲学や美学、言語学や精神医学など、さまざまな領域の思想家の議論を取り上げていく。ここで紹介されたのは、オストヴァルト、ヴォリンガー、ベルクソン、シラー、ニーチェ、フィンクら、1921年出版の『タイプ論』において各論として論じられることになる思想家たちである[12]。しかし、こうした錚々たる顔ぶれの中でユングが筆頭に挙げたものこそ、ジェイムズの類型論にほかならない。「管見の限り、この観点に

よる最も妥当な観察を行ったのは、哲学者ウィリアム・ジェイムズである」として、『プラグマティズム』におけるジェイムズの分類を詳細に紹介していくのである[13]。

ホーマンズによれば、「ここでユングは初めて、フロイトと少し距離を置くことができた」。ジェイムズの類型論に比較することによって自らの見解を支持し、そこにフロイトの存在を位置づけようとしたというのだ[14]。

ここに見られるように、ユングのタイプ研究が、その最初期にジェイムズの『プラグマティズム』の影響を大きく受けているのは確かである。そしてさらに、もし『タイプ論』が、ユングの思想体系の「鍵」であるのだとすれば、ユング心理学の確立にとって、ジェイムズの存在が重要な役割を果たしていたこともまた示唆されるであろう。

1912年までに『プラグマティズム』に触れ、その思想に覚えた共感がユングの「方向喪失」期の道標となり、その後の分析心理学の確立を導いた。このように考える限り、ユングがそのタイプ研究において『プラグマティズム』をいかに受容したのかという問いは、ユング心理学を再考するうえで重要な手がかりになると言える。そこで次節では、ジェイムズが『プラグマティズム』で展開した理論と、それを支える彼の類型論を確認したうえで、ユングがそれをいかに受容したかを、直接の言及箇所に注目しつつ詳細に見ていくことにする。

第3節
ジェイムズのプラグマティズム哲学

3-1 プラグマティズムの成立
プラグマティズムと形而上学クラブ

プラグマティズムは、もとは論理学者パース（Peirce, Charles Sanders 1839-1914）が初めに用いた名称である。その思想は後に、ジェイムズやデューイ、ミードらによって引き継がれ、特に20世紀前半のアメリカを中心に目覚ましい興隆を遂げた[15]。表立った流行が過ぎ去った今日でも、現象学や言語哲

学などの源流には、なおもプラグマティズムの思想が息づいていると言われる。始祖の手を離れて瞬く間に展開していったプラグマティズムの思想はそれゆえに、基本旋律を保ちつつも、論者の立場や性質によって微妙な差異を生ずることになる(16)。逆に言えば、その引き取られ方によって、思想家自身の独自性が露わになってくるということを意味する。事実、ユング自身の記述の中にも、ジェイムズの思想と、他の思想家のプラグマティズムとの間に区別を設けようとする箇所が存在する(17)。したがって、さしあたりここでの目的は、特に、ジェイムズという思想家を通して語られたプラグマティズムの外観を探るということになる。彼こそ、プラグマティズムの草創期に立ち会い、この思想を独自の文脈で噛み砕き、アメリカ全土に知らしめた張本人であった。

　プラグマティズムは1870年代初頭、マサチューセッツ州ケンブリッジの小さな町で産声を上げたと言われる。

　ジェイムズ、パースらを含む若手の6名の学徒(18)を中心に2週おきに集まっては、ギリシャ哲学からイギリス経験論、当時最新のダーウィニズムまでを渉猟して語り合い、彼ら独自の思想を鍛錬していったのである。メンバーのいずれかの書斎を借りて密やかに開かれた会合は、皮肉と反抗の意を込めて「形而上学クラブ（Metaphysical Club）」と呼ばれた。背景も立場も異なる彼らの根底に共通していたのは、人間の「思考」とは本質的に「行為」と結びついたものである、というテーゼであった。

パースのプラグマティズム

　1877年、メンバーの一人であるパースが、「形而上学クラブ」の意見をまとめたものとして、『通俗科学月報』誌に論文「われわれの観念を明晰にする方法（How to make our ideas clear）」を投稿する。これが「プラグマティズム」が初めて世に出た瞬間である。

　この論文にて、パースが示した「プラグマティズムの格率（pragmatic maxim）」は、以下のようなものだった。

　　ある対象の概念を明晰にとらえようとするならば、その対象が、どん

な効果を、しかも行動に関係があるかもしれないと考えられるような効果をおよぼすと考えられるか、ということをよく考察してみよ。そうすれば、こうした効果についての概念は、その対象についての概念と一致する。(19)

　わかりづらい表現ではあるが、別の箇所で述べられていることも鑑みて要約するならば、ある目的を持って行為しようとするとき、その行為がどのような効果をもたらすかという信念に、われわれの対象認識を還元させるべきである、といった意味になる。パースによれば、「プラグマティズム」という語は、カントの『純粋理性批判』への反省を踏まえて名づけられたものであるという(20)。カントにおいて、"praktisch（実践的）"と"pragmatisch（実用的）"の語は、区別して用いられる。当初、パースの理念を、この前者からとって「プラクティカリズム」と呼ぶべきだと提言した友人があったというが、パースはあえて後者を選び、「プラグマティズム」の名をつけた。後に「実践理性」にも冠される"praktisch"が、道徳や神の領野によってア・プリオリに与えられたものであるのに対し、ギリシャ語で「行動」を意味する"pragma"を語源とする"pragmatisch"は、人の思索が（幸福という）ある行動の目的に関与するという、ア・ポステリオリな経験法則を意味する(21)。科学者であったパースにとって、それらは「天と地ほどの相違があるように」感じられた(22)。合理的な認識が合理的な目的と密接に結びついていることを認めるような彼の説を表すには、"pragmatisch"こそふさわしい語だったのである(23)。

　当時の哲学界にとって画期的な宣言であったにもかかわらず、パースの知名度が高くなかったことや、上に見られるような晦渋な表現も相俟って、長い間、この思想はほとんど知られることはなかった。

3-2　ジェイムズのプラグマティズム

　ところが、パースの論文からちょうど20年の月日が経った頃、プラグマティズムの思想は一気に脚光を浴びることとなる。その火つけ役こそ、ジェイムズその人であった。彼は1898年8月、カリフォルニア大学の哲学会

での講演[24]において、友人パースの説として、プラグマティズムの格率を紹介したのである[25]。すでに『心理学原理（*The Principles of Psychology*）』（1890）で名声を博し、ハーバード大学哲学科の主任教授という知の最高峰にあったジェイムズの言葉は、人々の耳目を一斉に集めた。この講演が後に体系化された著書が、その名も『プラグマティズム』であった。実は、パースからすれば、ジェイムズを通したプラグマティズムは、パース自身が構想したものとは大分隔たりがあったようである[26]。本論では、ユング心理学との比較検討のための基礎作業として、二人の違いの詳細は先行研究に譲ることとし[27]、さしあたりジェイムズのプラグマティズム哲学がいかなるものであったかを概観することにしたい。ユング自身が愛読したという『プラグマティズム』の内容を、次に見ていくことにする。

プラグマティズムの真理観

『プラグマティズム』は、1906年から1907年にかけて行われた一連の講義録[28]である。第1講冒頭において、ジェイムズは次のように述べる。

> 私は紳士ならびに淑女諸君が皆めいめいなんらかの哲学をもっておられることを知っているし、また諸君についてもっとも興味深くかつ重要なことは、諸君の哲学が諸君のそれぞれの世界におけるパースペクティブを規定してゆくその仕方であることも知っている。[29]

さまざまな文化や背景を持つ人々がひしめき合うアメリカにあって、「ひとつの原理によって統一する一元論ではなく、相互に違った価値観をみとめあう多元主義」[30]こそ、最も切実に求められた思考法であった。ジェイムズのプラグマティズムは、こうした思想の根幹に位置づくものとされ、『プラグマティズム』は、アメリカ哲学が独自の歩みを展開していく端緒を開いた記念碑的著作となるのである。

それでは、『プラグマティズム』においてジェイムズが示した革新的方法とはいかなるものであったか。ジェイムズによれば、「プラグマティズム」とは、哲学上の諸々の相対立する学説間の相違を調停する「母」である。

プラグマティズムはあたかも母なる自然のそれのように、その態度において多面的にして柔軟であり、その資源において豊かにして無尽蔵であり、そのくだす結論において友好的なのである。(31)

　プラグマティズムが調停者たりうるための前提として、第一にこの思想は、解答不能な形而上学的問いの前に立ち止まることを拒否する。カントが示したように、われわれはそもそも絶対的真理とは何かを問うことはできない。そこで問い方の抜本的転換を図り、ジェイムズは、「それを信じることで我々に善をもたらすもの」を真理と呼ぶような新たな真理観を示した。これがまさに、プラグマティズムの「真理」観であった。

　ひとつの観念の真理とはその観念に内属する動かぬ性質などではない。真理は観念に起こってくるのである。それは真となるのである（Truth happens to an idea）。出来事によって真となされるのである。真理の真理性は、事実において、ひとつの出来事、ひとつの過程たるにある、すなわち、真理が自己みずからを真理となして行く過程、真理の真理化（verification）の過程たるにある。真理の効力とは真理の効力化（valid-ation）の過程なのである。(32)

　ジェイムズのプラグマティズムにおいて、真理は、永遠普遍の絶対者によって規定されるものではない(33)。そもそもわれわれは、その普遍的真理の存在を論理的に証明することはできない。ゆえにジェイムズは、主知主義的立場を批判し、経験不可能な事柄の真偽を問うことを不毛なこととして唾棄した。彼岸にあり、われわれの経験の彼方に鎮座する、静的・固定的な真理は彼にとって無縁のものだった。ジェイムズにとっての真理とは、今・ここで「私」の経験の最中に発動するものである。したがって、「あくまでも、生の主体である私という個人の実践的関心によって、観念は『真理化』されていく」(34)のである。つまり、「検証不可能などんな観念であれ、それを信じる人にとって『有益で』あり、『有用（useful）』であり、『満足』をあたえる観念であるならば、その限りにおいてそれは真であることにな

る」[35]のだ。

ジェイムズの類型論

そうした『プラグマティズム』の一つの核心は、ジェイムズの思想的気質への着目にあると言える。ジェイムズは、従来の思想的対立を、生来の「気質」的相違へと遡及し、この対立の根本的解消を目論むのである。

> 哲学の歴史はその大部分が人間の気質の衝突（clush of human temperaments）ともいうべきものの歴史である。このような取り扱い方をすると、わが同僚のうちには不見識だと思う者があるかもしれないが、私はこの衝突を重要なものと見なし、これによって哲学者たち相互の著しい差異を説明しようと思うのである。[36]

ジェイムズによれば、哲学の歴史は、合理論と経験論の対立の歴史と換言される。そして、そのどちらの立場をとるかは、多分にその人の根本的な気質によっているという。

合理論は、常に一元論的であり、全体と普遍から発し、事物の統一を重んずる。合理論は経験論よりも一層宗教的であり、ジェイムズはこれを、「軟い心」と呼ぶ。対して、経験論は、唯物論的であり、あくまで事実を重んずる。経験論者は、絶対者を認めず、常に部分から発する。ジェイムズ

表2　ジェイムズによる気質の分類

軟い心の人	硬い心の人
合理論的（「原理」に従う）	経験論的（「事実」に従う）
主知主義的	感覚論的
観念論的	唯物論的
楽観論的	悲観論的
宗教的	非宗教的
自由意志論的	宿命論的
一元論的	多元論的
独断的	懐疑的

はこれを、「硬い心」と呼んだ。『プラグマティズム』において、ジェイムズ自身がまとめた内容を転載したのが、表2である[37]。

　この二項対立のどちらが真か、経験論と合理論、どちらを採用すべきかといった形而上学的問いは、理性で解決できる問いではない。カントは合理論と経験論の対立の問題を、理性が経験を超えたもの（物自体）に拡大されるならば、不可避的に二律背反に陥るとし、認識論的には解決不能とした。ジェイムズは、そうした事態に対し、その問い方自体を変革することで、問いを無化する。彼は哲学者の本来的「気質」の相違のうちに対立の根本原因を突き止めたのである。その意味で、ジェイムズのプラグマティズムは対立を解消へと向かわしめる「調停者」として、思想的対立の穏健な解決法を提示したと言える。

第4節
ユングにおける『プラグマティズム』の受容

　さて、「心理的諸タイプ」および『タイプ論』における『プラグマティズム』へのユングの言及は、ジェイムズの議論の要約の域を越えて、そのまとめ方や解釈においてユング自身の独自性が現れている点で大変興味深いものである。「心理的諸タイプ」は論文自体の長さが短いこともあり、ジェイムズへの言及は6パラグラフにしか満たないが、『タイプ論』では、「現代哲学におけるタイプの問題」と題された第8章の全体が、ジェイムズによる類型の解説に充てられているのだ。ただし、『タイプ論』は「心理的諸タイプ」に比べ、ユング自身の類型論がより細分化・洗練されているために、ジェイムズの類型にやや飽き足らなさを表明する箇所も現れている。ここではさしあたり、特に両論文に通底する部分に着目し、まずは「心理的諸タイプ」の時点ですでに表明されていた、ユングのジェイムズ解釈を追うことにする。

　ユングによれば、ジェイムズの「専門的哲学者というものは、どのような気質をもったものであっても、哲学するに当っては、自己の気質という

事実をつとめておし隠そうとする」(38)という「根本思想」は、「非常に精神分析学的（ganz psychoanalytisch）」なものである(39)。ジェイムズの挙げた「軟い心の人」と「硬い心の人」という二つのタイプの差は、「リビドーという《魔力（magischen Gewalt）》の力点の置き方の違いに由来する」というのである(40)。

　そこでユングは、これを《精神的な心の人（Geistig-Gesinnten）》と《物質的な心の人（Stofflich-Gesinnten）》とに意訳することも可能であると述べ、ジェイムズの分類を「リビドーの流れる方向」によって解釈し直す。前者が「自らのリビドーを思考的なものに向けており、主として内向的」であるのに対し、後者は「リビドーを感覚的な客体すなわち物質に向けている」という意味で「外向的」であるというのだ(41)。

　原理や思考体系を基準とする「軟い心の人」は、経験を自らの原理や信念、論理的推論の下位に置くため、「経験によって惑わされたり悩まされたりすることがない」。しかし、これが病的な段階に至ると、こうした哲学者はパラノイアと見なされる。なぜなら、世界を自らの信念に無理矢理に当てはめ、それと矛盾するあらゆる事実を無視して、すべてを都合の良いように自分の思考体系に従属させようとするからである。「軟い心の人」の特徴は、必然的に主知主義的・観念論的・楽観的・宗教的・非決定論的・一元論的・独断的といった性質に帰結され、これらは「ほとんどもっぱら思考的なものを中心に配列されている」(42)。

　一方、「硬い心の人」は経験的であり、事実に従って行動する。彼らは経験の変化に支配されているため、「原理は常に事実よりも低い価値しか持たない」。それゆえ、その理論は内的矛盾に陥りやすく、たいていは経験的資料の山によってかき乱され圧倒されてしまう。還元的・感覚的・唯物論的・悲観的・非宗教的・決定論的・多元論的・懐疑的といった「硬い心の人」の性質は、神概念のような高邁なものさえも「～でしかないもの」として低俗なものと同様に認識し、世界や物事の多様な様相やそれらの実際的な可能性を重視する傾向に基づいている(43)。

　以上が、「心理的諸タイプ」におけるジェイムズの類型の大まかな解説である。ここに明らかなように、ユングは『プラグマティズム』におけるジェイムズの二類型をほとんど直接に受け取り、それを自らの外向・内向と

いうリビドーの構えとしての二類型に結びつけて論じるのである。「心理的諸タイプ」の時点では、論文全体を通して、外向・内向の二分類が示されるにとどまるが、8年後の『タイプ論』ではそこにさらに四つの心的機能、すなわち「思考 (Denken)」「感情 (Fühlen)」「感覚 (Empfinden)」「直観 (Intuieren)」というユング独自の分類が組み合わされることになる。そのため『タイプ論』においては、たとえば内向的なタイプの特質が、必ずしも思考型と一対一に対応するわけではなくなるなど、二つの類型だけで話を進めたジェイムズとの間に少しずつ差異が生じていく[44]。ユングによれば、『プラグマティズム』は哲学的見解にのみ議論を絞っているため、そのような「枠にはめられた一面性は混乱を招きやすい」[45]。「ジェイムズの表現はあまりに広く、全体で見てようやくタイプの対立のおおよそのイメージがつかめるにすぎず、さもないと単純な公式になりかねない」というのだ[46]。

しかし、ジェイムズの分類のそうした不足を認めたうえで、ユングは彼の功績を改めて評価する。

ユングによれば、ジェイムズが扱った現代哲学における立場の対立は、『タイプ論』第1章で取り上げられた、中世における唯名論と実念論の対立のドラマになぞらえることができる。当時、その両者の統合を図ったアベラールの試みは「心理学的 (psychologisch) な視点が完全に欠けていたために」、あくまで論理的・主知主義的 (logisch-intellektualistisch) に偏ったものに過ぎなかった。ところが、ジェイムズは「気質の相違」に着目し、「この対立を心理学的に捉え、それに応じてプラグマティズムによる解決を図った」というのだ。

もちろん、この「解決の価値に幻想を抱いてはいけない」が、「全体として、ジェイムズのタイプ論は、他の文献から得られたタイプのイメージを補足するものとして貴重なものである」[47]。こうして、ユングは思想上の対立に「心理学的な視点」を持ち込んだジェイムズのプラグマティズム哲学を高く評価するのである。

第5節
「個人的方程式」としての諸類型

　ユング自身が、ジェイムズの類型論について直接言及している内容は、概ね以上の通りである。『タイプ論』に至ると、ジェイムズに関する章は、既述の通り第8章目に位置づけられており、一見したところ、ユング自らの議論を確証するための一例としての役割しか負っていないようにも見える。しかしながら、ユングは『タイプ論』の序章において、自らの目的は、学問上あるいは人間同士の関係上の対立を、タイプの原理という心理学的な視点で説明することにあると述べている[48]。ユング自身が認めているように、その試みの先駆者は、紛れもなくジェイムズその人だったはずである。『プラグマティズム』においてジェイムズは、単に思想の二項対立を示したわけではない。より重要な点は、その根底に横たわる、個人の気質によるパースペクティブの違い、現実の把握の仕方の「心理的」差異を指摘した点にあると言える。そもそもユングのタイプ理論は、この「心理的」差異の問題を徹底的に敷衍したものではなかったか[49]。

　そして、ユングはこの「心理的」差異を表わす術語として、"persönliche Gleichung" なる言葉を用いている。これこそ、『タイプ論』に始まるユングの学問的出発を告げるものであり、本書で考察するユングにおける「個別性」の問題を象徴した術語であると思われる。本章の残された課題は、『タイプ論』において初めて用いられた[50]この術語について検討しておくことである。

　そもそも "persönliche Gleichung（personal equation）" の概念は、天文学の領域に由来したものである。本論からは少し脇道に逸れるが、現代心理学の歴史にも少なからぬ影響を及ぼしたと言われるこの概念について、以下に少し見ていくことにする。

5-1　天文学における "persönliche Gleichung"[51]

　1796年、グリニッジ天文台の王室天文官ネヴィル・マスケリン（Maskelyne,

Nevil）が、24歳の助手キンネブルック（Kinnebrook, David）を解雇する。マスケリン自らの測定した天体の通過時刻に対して、キンネブルックがそれより遅れた数値を報告するという「誤った観測」が発覚したからである。誤りを正そうとするも助手の計測が遅れる事態が約半年続き、その差はついに8/10秒にまで達した[52]。マスケリンは、キンネブルックが「何か逸脱し混乱した自己流の方法に」陥ったものと判断し、彼を放逐するのである。

　それから20年の後、若き助手の過失として忘却されたかもしれないこの一件を、プロイセン・ケーニヒスベルクの天文学者ベッセル（Bessel, Friedrich）が、とある天文学雑誌の誌上で[53]知ることとなる。彼はその3年前に、自らの主導で新しい天文台を設立したばかりであり、より正確な天文学の測定法の探求や観測上の誤りの問題に特別な関心を寄せていた。グリニッジでの事件は彼の興味を大いに掻き立て、さっそくマスケリンのすべての観察記録のコピーが英国から取り寄せられた。果たしてこの一件は、単に経験の浅い助手の腕の未熟さに起因するものであったのか。

　ベッセルは資料を詳細に検討したうえで、グリニッジで生じたような個人差が、キンネブルックよりも経験を積んだ測定者同士においても起こりうることであるのかを、自ら実験で確かめてみることにした。

　1820年、ベッセルは同じくケーニヒスベルクの天文学者ヴァルベック（Walbeck）とともに10個の星の観測を5日間にわたって実施する。二人の測定記録を比較したところ、ベッセルがヴァルベックに比べて平均1.041秒常に早いという結果となった。これはかつてキンネブルックの誤りとされた8/10秒をさらに上回るものである。

　このような予想以上の大きな差が生じたことが、さらなる研究へとベッセルを駆り立てることになった。1823年、今度は教え子のアルゲランダー（Argelander）とともに7つの星を観測し、その記録の比較検討を行う。この際、ベッセルは二人の間に生じた差の平均を、名前の頭文字をとって略式にA－B＝1.223との数式で表現した。これを機にベッセルは、二人の観察者の間の違いについて述べる際に、"persönliche Gleichung"の語を用いるようになるのである。そして、観測において個人的な要因によって測定値に差が生じるのは不可避であり、各人に固有の数式を導くことで観測値を是正

することが可能であると結論づけた。ベッセルの研究は天文学の発展に大きな影響を及ぼし、その後、観測の個人差をなるべく減らすための装置の開発などが進められるようになった。

　こうして天文学の領域で発見された「個人差」の問題は、オランダの生理学者ドンデルス（Donders, F.C.）によって受け継がれ、さらに19世紀後半にはヴント（Wundt, Wilhelm）による実験心理学において、刺激に対する反応時間の個人差の計測という形で重要なテーマとして引き継がれていった。

　さらに敷衍して考えれば、心理学の分野で個人差の問題が盛んに論じられるのと時を同じくして、20世紀初頭には、相対性理論や量子力学など、物理学においても観測点の問題が議論の俎上に上るようになる[54]。

5-2　ユング心理学における "persönliche Gleichung"

　さて、これをユング自身の文脈に照らして捉えるとき、"persönliche Gleichung" なる術語をどのような日本語に訳すのが適当と考えられるだろうか。

　本邦の心理学史、天文学、物理学、統計学の分野では、管見の限り主に次の二通りの邦訳が見受けられる。すなわち「個人（的）方程式」と「個人的誤差」の二つであり、特にデータ観測など、測定者による差が是正される必要のある文脈では、「誤差」と訳されるようである。この二つの訳はユングの邦訳にもそれぞれ見られ[55]、林による邦訳『タイプ論』（みすず書房、1987年）では「個人的誤差」が採用されている。英語では "equation" とされる独語の "Gleichung" には、「方程式」および「差」の両方の意味が含まれており、原義から判断すればいずれも誤りにはならないはずだが、どちらで訳すかでだいぶ印象が異なることになるだろう。

　「誤差」という言葉は、"error" の訳語でもあるように、何がしか外部に真理として期待されるものが前提としてあって、その認識方法が人それぞれで異なるために生じる「ずれ」や「誤り」というニュアンスが入るように思われる。つまり、認識の「誤差」を少なくすればするほど、人は真理に近づけるということになる。

　しかし、以下に見ていくように、『タイプ論』で展開されたユングの議論は、真理なるものを前提とする見方そのものに心理学的な見地から転換を

迫るものであったはずである。

　そこでは、必ずしも「誤り」を減らすことによって正しい認識を獲得することが目指されるのではない。個々の人間に特徴的に備わった世界認識のあり方をまず意識化すること、そしてそのような自らの偏重を打ち消すのではなく、そこにおいて欠けているものとの対決の中でむしろ成就させていく必要を考えていたのではないだろうか。

　したがって本書では、ユングが用いた"persönliche Gleichung"の語を、各個人の世界受容の演算形式という意味を込めて、「個人的方程式」と訳出することにする。

5-3　心理的個人的方程式

　ユングによれば、あらゆる学問的な理論形成や概念形成には、その提唱者の「主観的心理的な布置」が少なからぬ影響を与えている。ユングはこれを「心理的個人的方程式 (psychologische persönliche Gleichung)」と名づけた。「個人的方程式の作用は観察するときにすでに始まっている」。人は、自分の位置から一番良く見えるものを見るものであるからだ。したがってユングは、「いわゆる客観的心理学における《純粋観察》という原理を信用しない」。心理学においては普遍的な理解など存在せず、自らの主観的な観察の範疇内で、いかに対象の「現実」に対する妥当な説明が可能となるかが問題となる。「その限りで、自分の目の中の梁こそがまさに兄弟の目の中の塵を見つける力を与える」[56]。ユングは、そこから帰結される、心理学者のとるべき態度について、次のように述べる。

　　認識一般が、とりわけ心理学的認識が、主観によって制約されていることを承認し肝に銘じるということは、観察主体とは異なる心を学問的に公正に評価するためのひとつの根本条件である。[57]

　客観的な真理を、まずは括弧に入れる。心理学的認識は、常に主観的な偏重によって構成されているのに気づくこと。これこそ、ジェイムズを経由し、ユングが引き受けたプラグマティズムであった。

そしてこの先に、ジェイムズの議論には見られないユングの独自性が展開する。上記の態度が満たされるためには、「観察者が自分自身の人格の範囲と性質に十分に精通している」ことが必要となる。それが「十分に精通できるのは、集合的判断という平均化する影響から高度に自由になり、それによって自分自身の個性を明確に理解するに至る場合だけである」というのだ。「集合性」への「同一性状態」から離れて、個的存在を形成し「特殊化」していくこと(58)。ユングの「個性化」論の着想の原点は、まさにこの点にあったと言える。

この思考法はまた、臨床家としてのユングのその後の理論形成に大きく影響していると考えられる。まずは、精神疾患に対する構えに関してである。1936年に出版された、タイプに関する論文の中で、ユングは次のように述べている。

> 神経症の本当の原因は［……］患者がいかに環境の及ぼす影響を受け取り、消化したかという固有の様式や方法の中にある。(59)

医師として患者に接すると、個々のあらゆる病像は、一つの医学的診断に押し込めることのできないような多様性を持っているのに気づく。それは一人ひとりの患者が、それぞれの環境をそれぞれの性格によっていかに受け取ったかに左右されるためである。よって、病気の問題の核心は、環境の処理システムのあり方にあるというのだ。現代の認知療法による主張とさえ一脈通じる発言とも受け取れるが、ここにもやはり、集合的判断を退け、「個別性」を重んじる姿勢が現われることになる。

そしてもちろん、患者を観察する医師自身の目にも、タイプ理論は適用される。同論文の終わりにユングは、以下のように述べている。

> 最後になったが重要なことは、タイプ理論は、臨床心理学者が自らの分化機能と劣等機能を正しく知ることによって、患者について判断する際の多くの由々しき誤謬を回避できるように、自らの個人的方程式を見定めるための重要な手段にもなるのである。(60)

この考え方こそ、ユングによる心理療法論の一つの特質を表していると言える。顕著なのは、この前後より展開された彼の転移論である。その詳細な内容にまで踏み込むことはできないが[61]、検討のためにここで少しまとめておこう。

　フロイトの精神分析理論が、分析技法としての転移の重要性を評価しつつも、治療者から患者に対して起こる「逆転移」を極力避けようとしたのに対し、ユングは初期から一貫して、転移の重要性に注目するだけでなく、逆転移もまた治療には不可欠の要素であると考えていた。

　ユングにおいて転移はあくまで「相互的」なものであり、治療とは「医師と患者が全人的に関与した相互的影響の所産」を意味する[62]。よって、医師からの逆転移もまた、治療にとって重要な要素となる。ここで治療が正しく進むためには、患者のみならず医師自身の「傷口」、偏重が知られておくべきだというのだ[63]。ユングが教育分析の必要を説いたのは、このために他ならない。治療においては、医師自身の「個性化」をも求められる。このための「補助」となるのが、タイプ理論だというのである[64]。

　以上に見てきたように、ユング心理学の原点として『タイプ論』を見るとき、そこにはジェイムズの『プラグマティズム』との深いつながりを見出すことができる。「個人的方程式」の概念は、多分にプラグマティックな要素を有しており、ユングの「個性化」論のある一面を大きく照らし出す。それは、個々の「多様性」「多元性」を損なうことなく、その特有の「個別性」を意識化していく過程として表現されるものであった。

　ジェイムズの『プラグマティズム』を経由したユングは、「個人的方程式」という概念を通じて、分析心理学の礎を確立したことになる。

　それは理論的体系を構築する試みであった一方で、自らをも含むすべての理論的営みは主唱者の「個人的方程式」に由来するものであるとすることによって、ユング自身の立場をフロイトとの文脈から離れた相対的な地図の上に位置づけること、そしてユング自身の『赤の書』での体験の「個別性」を担保することをも可能にしたものだった。

　本章では、その行程の伴走者としてのジェイムズの存在に着目し、ユングのタイプ理論の内に通奏低音として流れる両者共通のテーゼを主に検討

してきたわけだが、続く次章では、同時期に深められたユングの『赤の書』との相関において『タイプ論』を再検討することによって、そこに表出されたユング自身の独自性を見ていくことになる。

第3章
『赤の書』と『タイプ論』
「私」の神話をめぐる探求

　　　　自分の対立する原理を包括するなら、
　　あなたは全体ということを予感し始めている。
　　なぜなら、全体は1本の根っこから伸び出た
　　　　二つの原理に基づいているからである。
　　　　　　　　（『赤の書』「第一の書」より）[1]

第1節
タイプ理論の質的変容への注目

　本章では、第 2 章で検討してきたユングのタイプ理論が、『タイプ論』としての結実へと至るまでに遂げた変化に注目していく。そしてこの変化の背景に、同時期の彼が打ち込んでいたもう一つの課題であった『赤の書』の存在を見据えていくことにする。

1-1　外の体験と内の体験

　1913年の講演「心理的諸タイプ」から1921年に『タイプ論』が上梓される[2]までの 8 年間のうちには、ユングの無意識との格闘の時期がぴったりと重なっていることを看過するわけにはいかない。すなわち、彼のタイプ理論を構築していく過程が、『赤の書』の「自己実験」の過程と並行関係にあったということである。
　ユングは1925年のセミナーで、『タイプ論』について次のように語っている。

　　経験的な素材はすべて患者から得たものですが、その問題の解決は、内側から、無意識の過程に関する私の観察から得たものです。私は、タイプの本の中で、外の体験と内の体験という二つの流れを融合させようと試みました。[3]

　ここでユングの述べる「内の体験」は、『赤の書』におけるイメージの体験を少なからず含んでいるはずである[4]。それが彼の理論に流れる一つの源泉であるならば、『赤の書』の時代を経たユングの議論は、「心理的諸タイプ」から『タイプ論』に至り、どのような深まりを見せたのだろうか。
　実は、この問題を考察する一つの手がかりが、ユングによるジェイムズの受容の仕方の微妙な変化にある。
　前章で詳細に見たように、『タイプ論』において、ユングはジェイムズの

先駆的仕事を改めて評価しており、「個人的方程式」の概念をはじめ、その発想の根幹にはジェイムズの『プラグマティズム』の深い浸透を間違いなく見て取ることができる。

しかしまた同時に、彼はジェイムズの枠組みを越え出ていくことによって、その独自の理論を構築したとも読めるのだ。以下に詳しく見て行こう。

1-2 ジェイムズ理論に対する態度の変化

ジェイムズについて書かれた『タイプ論』第 8 章の最後に、注目すべき記述が存在する。

その名も「ジェイムズの見解を批判するために」と銘打った最終節において、ユングはプラグマティズムによる思考の限界を指摘しているのである。ユングによれば、確かに「もう一つの見解に対して公正であろうとするならば、二つの《真理》の対立は第一にプラグマティズムの考え方を要求する」(5)。しかしながら、「プラグマティズムの方法がいかに不可欠であろうとも、この方法はあまりに多くの断念を前提としており、創造的形成に欠けることはほとんど避けがたい」(6)。そしてユングは次のように述べる。

> 対立物の葛藤は［……］プラグマティズムのように論理的に相容れない見解の実際的価値を算定することによって解決することはできない。それができる唯一のものは対立物を調整のための必要要素として受け入れる積極的な創造あるいは行為のみである。［……］それゆえプラグマティズムは、偏見を取り除くことによって創造的行為に道を開くという過渡期の立場でしかない。(7)

双方の立場を正当に評価するためには、まずプラグマティズムの構えを必要とするが、それでは両者の根本的な相違を明らかにするところで終わってしまう。プラグマティズムは、個々人が葛藤をいかに解消するかという問題については扱わないからである。

しかし、ここでのユングはそれに満足しない。対立する二者の葛藤に対して真に必要な態度は、その相違を認識したうえで、対立するものを自ら

にとって必要な要素として統合するという創造的な行為である、と述べるのである。

　この記述には、後のユングの「個性化」論の中心テーマとなる「対立物の結合」の考えが現れており、タイプ理論そのものの質的な変化を見て取ることができる。ジェイムズのプラグマティズムの思想を直接に受容していた「心理的諸タイプ」においては、二つの対立する原理について論じるにとどまっていたのに対し、『タイプ論』におけるユングはその議論に飽き足らなさを表明し、二原理間のダイナミックな形成を求めるようになるのである。

　ここでジェイムズの方法論を乗り越えたところに、初めてユングの独自性が現れたということになろう。

　そして、タイプ理論が深化されるのとまさに同時期にユングの身に起きていたことこそ、『赤の書』における「無意識との対決」であった。思想の質的変容を準備したのは、彼のどのような内的体験だったのか。

第2節
『赤の書』の体験世界 —— イメージにおける対立物

　「第一の書 (Liber Primus)」「第二の書 (Liber Secundus)」「試練 (Prüfungen)」を通じて、『赤の書』において顕著なのは、多種多様の対立物のペアである。「深みの精神 (Geist der Tiefe)」と「この時代の精神 (Geist dieser Zeit)」に始まり、「生」と「死」、「光」と「闇」といった抽象性の高いものから、具体的な人物の形を取った二人の対まで多岐にわたっており、それぞれが対比的に示されたり、何らかの形で和解したりと、さまざまな描かれ方をしている。ここで取り上げるのは、『赤の書』全体を通じてユングのイメージに登場する、預言者エリヤと盲目の少女サロメという二人の対である。とりわけ「第一の書」では対立する二者の関係がより顕著に表現されているため、ここでは特に「第一の書」におけるこの対の描写に注目してみたい。

第3章 『赤の書』と『タイプ論』——「私」の神話をめぐる探求   63

2-1 エリヤとサロメ

「第一の書　第9章　密儀／出会い」で、ユングは足元に黒蛇を横たえた一人の老人と出会う。そして少し離れたところに建つ柱廊付きの館から、目の見えないらしい美しい少女が出てくる。老人は自分をエリヤ、少女を自らの娘サロメであると紹介する。これを聞いたユングは、彼らの対の意味が理解できずに、ひどく混乱する。というのも、旧約聖書に登場する預言者エリヤが知恵を湛えた賢者の象徴とも言える人物であるのに対して、ヘロデ王の前で洗礼者ヨハネの首を欲したと伝えられるサロメは「邪悪な種子から創造された」「虚栄心の強い欲望そのもの、犯罪的な悦楽そのもの」であり、エリヤがサロメを娘と認めるなど到底思われなかったからである[8]。しかしエリヤは、「彼女の目が見えないことと私の見抜くこととが、はるか昔から、われわれを同伴者にしている」と語る。サロメはユングを愛していると言い、ユングもまた自分を愛するようになると言う。ユングはエリヤに訴える。「あなたは、ひどい謎をおかけになる。こんな救いようのない女と神の預言者であるあなたが一つだなんて、そんなことがどうしてあり得ましょう？」と[9]。

図3　『赤の書』「第一の書」エリヤとサロメ
（中央のエリヤの足元に蛇が描かれている）

2-2 二原理の同時性

これに続く箇所で、ユングはこのイメージを次のように敷衍する。自分は「混沌の源泉に、つまり原初なるものに降りていったため、自らを融解し原初なるものと結びついた状態にあった」。その原初の世界で出会ったのは、エリヤとサロメとして現れた「先に考えること (Vordenken)」と「快楽 (Lust)」という二つの原理であった[10]。一方の原理にとって、他方の原理は絶対不可欠なものである。「先に考えることは、形づくるために快楽を必要とする。快楽は、形を得るためには、先に考えることを必要とする」。両者

ともに互いの存在を前提とし、「自然の中で解き難く一つになっている」のだ。したがって人間は本来、先に考えることだけでも、快楽だけでも生きていくことはできず、その両方を必要としている。ところが、両者の態度を同時にとることもまた不可能である。人は常にどちらか一方の原理を優先させることになる。

> 考える人たちは思考されたことの上に世界を築き、感じる人たちは感じられたことの上に世界を築く。あなたはどちらの原理にも真理と誤謬を見出すのだ。[11]

　ここで、「先に考えること」の原理で動く人が「考える人」に、「快楽」の原理で動く人は「感じる人」にパラフレーズされる。この「考える人」と「感じる人」の対は、『タイプ論』における「思考」と「感情」という合理機能の対を髣髴とさせる。しかし、『タイプ論』に至るまで、ユングが「思考型」と「内向型」、「感情型」と「外向型」をそれぞれ同一視していたこと[12]を考慮すれば、この二つの対は、狭い意味での「思考」と「感情」に限って考えるよりも、世界に対する対照的な構えの対として緩やかに捉えるほうが適切であろう。ユングは「混沌の源泉」に降りて行った先に、現象的には対立して見える二つの原理の未分化な様態を目にする。ジェイムズの『プラグマティズム』や彼自身の「心理的諸タイプ」が根本的な対立として扱っていた二類型の、原初の形態である。現象面のみ見れば対照的に見えるエリヤとサロメは、ここではペアとして、共に現れる必要があった。両者は元来不可分のものである。それでも、現実世界に分化した人間は、どちらか一方をしか生きることができない。
　そして、ユングはこうも述べている。人間を「時には一方の原理に、時には他方の原理に、誤りであるほど夢中にさせるのは、決まって蛇である」。彼は、エリヤとサロメの間に横たわっていた黒蛇を、第三の原理と見なす。一方の側に立って他方を眺めると、間にいる蛇が目に飛び込む。考える人にとっての快楽は、誘惑的な恐ろしいものと映り、感じる人にとっての思考は、厄介でいかがわしいものと映る。あたかも反対の原理が存在しない

かのように思い込もうとするのである。しかし、蛇はまたそれら対立する二原理を結びつけるものであるという。

> 人生という道は、蛇のように、右から左へ、左から右へと、思考から快楽へ、快楽から思考へと曲がりくねって進んでいく。蛇は、確かに敵であるし、敵対関係の象徴ではあるけれども、賢明なる橋でもあって、われわれの人生にとって必要であるように、右と左とを憧憬を通して結びつける。[13]

「考える人」であったユングは、「先に考えること」の側から「快楽」を見たために、「快楽」はサロメの姿をとり、残酷で恐ろしいものと映った。しかし、「快楽」を自らに受け取る中にこそ、次なる道がある。このように第9章は閉じられる。

次章以降の後続のイメージで、ユングは「密儀」を体験していくことになる。サロメの言葉を受け入れず、「先に考えること」の原理に近づこうとするユングの前に、エリヤは醜い小人に姿を変える。ユングがサロメの再来を求めると、十字架のキリストのヴィジョンが見えた瞬間、彼自身が十字架にかけられたようになり、黒蛇が体中に絡みつく。蛇の強い締めつけで、体から血が流れ落ちる。そのとき、ユングの足元に身をかがめ、足を黒髪で包んでいたサロメが「光が見える！」と叫び、彼女は目が見えるようになっている。エリヤは巨大な白色に輝く炎に変容し、蛇は力尽きる。サロメは、光に向けて一心に跪く。

ユングはサロメの変化を、「快楽」が変容され、「愛」というより高次の原理に移行したものと捉えている。「考える人」であったユングにとって、はじめは盲目の姿で現れた「快楽」が、彼の内的な自己犠牲の苦しみを通して「愛」として解放される。そして、「先に考えること」の原理もまた白色の炎へと変容し、両原理が「人間的な形」を越えた新しい段階に移っていくヴィジョンとして、ユングの身に体験されたのである[14]。

ユングは「人間は自ら成長するだけではなく、自ら創造的でもある」[15]と述べる。彼は、対立する原理と創造的に関わる生成の様態を、イメージ

の中で体験したのだ。常にどちらか一方の原理に従って生きる人間にとって、対立する原理は自らの外部に存在する、永遠に相容れないものとして感じられる。しかし、ユングの直感したイメージの世界においては、二原理は根底では一つであるものとして示され、それゆえ、反対側の原理もまた自らの内部に存在していることになる[16]。そして両者をつなぐ蛇という第三の原理によって、対立する要素と動的に関わるあり方に、ユングは人間の変容という創造的な姿を見たのである。

　以上に見てきたような内的体験は、果たして『タイプ論』の発想にどのように注ぎ込まれたのだろうか。ジェイムズ理論に対する態度の変化に垣間見られる、ユングのタイプ理論の質的な変容はいかなるものであったか。次節では、今度は『タイプ論』の内容を具体的に取り上げ、この問いについて検討していくことにする。

第3節　『タイプ論』における対立物の結合

　二原理間の動的な動きという観点から、改めて『タイプ論』を見返してみるとき、われわれはその全編の奥底に、「心理的諸タイプ」には見られなかった対立物の結合という重要なテーマが新たに流れているのに気づかされることになる。

　『タイプ論』におけるユングはもはや、対立する二原理の存在を指摘するにとどまらない。それらが一人の人間の内部に同時に存在するものであるとして、その内的連関のダイナミクスを論じるようになるのだ。

　この「対立物の結合」のテーマを『タイプ論』の中で最も大きく扱っている章として、第5章「文学に見られるタイプ問題——カール・シュピッテラーの『プロメテウスとエピメテウス』」が挙げられる。『タイプ論』でも際立って大きな分量で構成されている本章で、ユングはこのテーマについてどのように論じたのであろうか。

3-1 シュピッテラー『プロメテウスとエピメテウス』をめぐって

　ユングは『タイプ論』第5章において、「ほとんどタイプ問題というテーマのみで成り立っている文学作品」[17]として、スイスの詩人カール・シュピッテラー（Spitteler, Carl 1845-1924）[18]による『プロメテウスとエピメテウス（*Prometheus und Epimetheus*）』（1881年初版）を取り上げ、この物語の分析を通して人間における二つの本性とその結合の問題について論じている。

　プロメテウスは、ギリシャ神話における有名な登場人物の一人であり、その名は、pro（先に）＋ metheus（考える者）として、「先見の明を持つ者」の意味を持つ。ゼウスに逆らって人類に文明の象徴としての火をもたらしたとして、半永久的な罰を受けることになった神である。ゲーテによる『プロメテウス断片』をはじめ、数多くの文学、音楽、絵画で取り上げられてきたこのモチーフに、シュピッテラーは神ではなく人間の性格を与えることで新たな色を加え、独自の物語を構成した。

　『タイプ論』第5章「文学に見られるタイプ問題 ── カール・シュピッテラーの『プロメテウスとエピメテウス』」は、この作品の解釈を通して、ユングが対立物に関する自らの理論を初めて詳細に語ったものであると考えることができる。一つの物語を解釈する中で、古今東西の思想に関する彼の広範な知識が次々に披瀝され、そこかしこにイメージが拡充されていくような、後のユングに馴染みのスタイルがここでもすでに遺憾なく発揮されており[19]、他にも多くの興味を引く箇所であるが、以下では本節の目的に沿って彼の議論を抽出していくことにする。

ユングによる解釈

　この作品の中で、プロメテウスは自らの「精神（Seele）」に従って生きることを選び、外界との関係を犠牲にして生きる者として、また、彼の弟エピメテウスは、伝統的な「良心（Gewissen）」に従い、王として時に独善的に世界と関わる者として描かれている。しかし、これに対してユングはまず、「プロメテウスは先立って考える内向的人物を、エピメテウスは行動した後に考える外向的人物を表現しているなどと述べるつもりは毛頭ない」[20]と明言し、以下のように述べる。

この両者の対立とは、まずもって同一の個人における内向的な発達路線と外向的な発達路線との戦いであり、それが文学的表現においては、二人の独立した人物とそれぞれの典型的な運命として擬人化されているのである。(21)

つまりユングは、物語の中で表現上、兄と弟とに分けて描かれているプロメテウスとエピメテウスの生き方を、同じ人間の中に存在する二つの性向として捉え、この両者が邂逅していく過程を一つのこころの発展のプロセスとして読み解くのである。以下に、物語の流れに沿ってユングの解釈を見ていこう。

プロメテウスは一面的に「精神（Seele）」に与するために、外界との関係は断たれ、自らの故郷も追われてしまうことになる。「プロメテウスが選んだ生の路線は紛れもなく内向の路線である。彼は遠い未来を頭に描いて現在を、そして彼の現在との関係を犠牲にする」(22)。

一方のエピメテウスは、「良心」という一般的な徳目と引き換えに、自らの自由な「精神」を売り払ってしまう。「エピメテウスは自分の外向に従った。そして外向が外界の客体に依存しているために、彼は世俗的な望みと期待に身を委ね、その結果外面的にはさしあたってはるかに有利な立場に立った」(23)。

王位に就き、常に国民の期待に応えて成功を収めているかに見えるエピメテウスはしかし、伝統的な「良心」という社会の集合的な規範の支配下にあり、盲目的に生きている状態にある。その意味で、自らの「精神」に全面的に帰依しているプロメテウスに対して、エピメテウスは常に規範という集合性の制限を受けており、客体に全面的に帰依することができない。したがって、プロメテウスはある人間における分化した内向性を、同時にエピメテウスは同じ人物における未分化な外

図4　プロメテウスとエピメテウスの対立

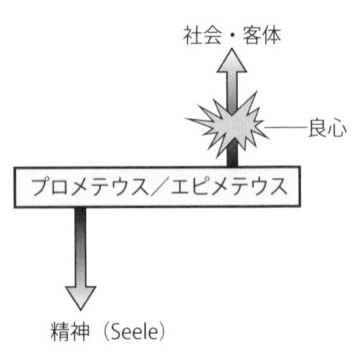

向性を表わす（図4）。

　荒廃した土地での労働を命じられたプロメテウスは、やがて重い病にかかってしまう。兄の病床を王エピメテウスが見舞い、優しい言葉をかけ軟膏を差し出すが、プロメテウスはその軟膏の匂いを嗅いだとたん、吐き気で顔を背ける。するとエピメテウスは打って変わって態度を替え、今度は完膚なきまでに兄を罵り、その不幸を嘲笑う。

　しかし、まさにこの場面の後に、すなわち「プロメテウスの中で世界との一切の関係が完全に抑圧された瞬間に、彼岸の挿話が始まる」[24]。

　ここでユングは、物語の筋からは離れるかに見える、ある挿話の存在に着目する。その挿話とは、神とその末娘パンドラとの天上におけるやりとりを描いたものであった。神話本来のあり方ではプロメテウスもまた神であり、パンドラと関係を持つことになっているが、本作ではプロメテウスは人間として神性を剥奪されており、「神」は別個のものとして彼岸に立てられている。ユングはこの挿話における神とパンドラとの関係を、プロメテウスと精神（Seele）との関係に対する「彼岸における宇宙的な対照劇」[25]として独立して演じられたものと見なし、次のように述べる。

　　彼岸で起こることとは、われわれの意識の彼岸で、すなわち無意識の中で、起こることを意味している。それゆえ『パンドラ挿話』はプロメテウスが苦悩している最中に無意識の中で起きていることを表現したものである。[26]

　この関係を図示するならば、図5のようになるだろう。

　挿話のはじめ、雲がどんよりと立ちこめた朝の天上の世界で、神はその日も「たちの悪い」病気のために巡回の任務をやめられないでいる。ユングによれば、それはプロメテウスの状態を無意識の世界に反映したものである[27]。

　そこへ、夜明けの薄明かりの中を、末娘のパンドラが高価な宝石を携えて、神のもとに慎ましやかに近づいてくる。パンドラは「プロメテウスの精神の複製」を意味し、宝石とは、「更新された神」のシンボルである。そ

70　第Ⅰ部　個別性の探求

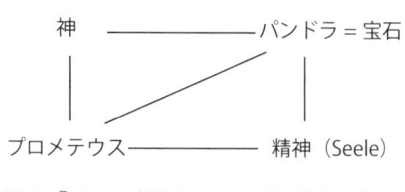

```
神 ────────── パンドラ＝宝石
│         ╱ │
│       ╱   │
プロメテウス ────── 精神（Seele）
```

図5　『パンドラ挿話』における対照的関係性

れは、「精神」へと内向し尽くしたプロメテウスのリビドーが、無意識内にその対応物を作り出したことを意味する。宝石を持ったパンドラの登場によって、天上においては「神の再生」が、「新しい構え」の誕生が示唆されるのである。

　そしてパンドラはこれを人間のもとに届けたいと神に言い、地上に降りて、その宝石を胡桃の木の下に埋める。「パンドラが彼女の贈り物を世界に送るとすれば、それは心理学的には高価な無意識の産物が外向的な意識を、すなわち現実界との関係を、得ようとしていることを示している」[28]。

　話は再び地上界に戻る。天上で示唆されたことが、すぐに地上でも実現されるわけではない。パンドラがもたらした宝石は、大変価値あるものであるにもかかわらず、エピメテウスの構えに支配された世界では、すべてが伝統的な良識によって判断され、認識が制限されているために、その真価が理解されず、宝石は永遠に失われてしまうのである。これは心理学的には、「世界に対する集合的で未分化な構えが人間の最高価値を窒息させ、それによって破壊的な威力となることを意味している」[29]。

　こうして、エピメテウスの没落が始まる。彼の理想的な王国は、悪魔の姿をした神、ベヘモートの王国と危険な同盟を結ぼうとする。それは人間の一面化した良心が無意識のエネルギーに飲み込まれかけることを意味する。

　しかし、この没落は、プロメテウス的な傾向の介入によって防がれることになる。宝石というシンボルの誕生と同時に、プロメテウスの「精神」へのリビドーの退行は終わり、世界への動きに転じたのである。プロメテウスの洞察力と理解力が、エピメテウスを危険から救い出す。

　物語の終わりには、プロメテウスとエピメテウスが一緒になって「故郷の谷」に戻るところが描かれる。世界の支配を、エピメテウスは断念しなければならなかったからであり、プロメテウスもそれを望まなかったからである。このことは心理学的には「内向と外向が一面的な規範として支配

することをやめ、これによって心の分裂がなくなったこと」(30)を意味する。代わりに、世界はプロメテウスが救出した「神の子メシア」によって守られることになる。この子どもは、「対立物を結合する新しい構え」のシンボルであり、二つの分裂した傾向が統合されたことを示している。

　以上、ユングの『プロメテウスとエピメテウス』の解釈を見てきた。これは確かに物語の分析として書かれたものではあるが、一方で、ユングの「内向」「外向」に関する考え方の変化を如実に表現したものであると言えよう。

　ここでのユングはもはや、「心理的諸タイプ」における分析がそうであったように、「内向型」と「外向型」という二つの類型の存在を指摘するにとどまらない。リビドーの流れの方向の違いとしての両傾向を同一人物の中に認め、むしろその両者の結合をこそ問題としているのである。ここに『赤の書』を経た後のユングの理論における、ジェイムズのプラグマティズムとの違いが明確に現われていると言える。

3-2　類型をめぐる二元性と一元性

　本章の最後に、ユング自身の中にそもそも存在していたと思われるジェイムズとの違いについて触れておきたい。

　以下に見ていくように、これまで見てきたユングの理論の特徴は、必ずしも『タイプ論』において急激に現われたものではなく、『赤の書』の体験に先行して息づいており、その後の質的な変容を準備していたものだったと考えることができるのである。

　ここで『赤の書』以前、1913年の「心理的諸タイプ」に再度立ち返ってみよう。注意深く読むと、ユングがジェイムズの『プラグマティズム』を深層心理学的な言葉に置き換えて論じた時点から、両者の類型に関する考え方には、ある決定的な差異が存在していた。すなわち、ジェイムズ思想の引き取り方のうちに、ユングの独自性の萌芽がすでに垣間見えていたと考えられるのだ。

　というのも、前章に見たように、ジェイムズが提示した「軟い心の人」と「硬い心の人」という二つの分類を言い換える際、ユングはこれを「リ

ビ
・
ド
・
ーの流れ」が「外に向いている」のか「内に向いている」のかの違い
によって表現した。つまり、「リビドー」という一つのものの動きを通して、
二つの構えを一元的に示していたのである。それは対立する二極について
強調していたジェイムズとの根本的な違いであったと言える。

　両者の強調点のこうした差異を念頭に置いていたのかは定かでないもの
の、ユングは1925年のセミナーで次のように語っている。

　　リビドーは、それ自体が二つに分かれているわけではありません。そ
　　れは対立物の間にバランスをとるために生じる動きのことであり、流
　　れに注目するか、流れが起こっている両極に注目するかによって、リ
　　ビドーは一つであるとも、リビドーは二つであるとも言うことができ
　　るでしょう。対立はリビドーの流れに必要な状態ですから、その事実
　　に沿って、世界について二元論的な概念の立場をとる人もいます。し
　　かしまた、「流れ」──すなわちエネルギー──は一つであると、そ
　　れは一元的なものであると言うこともできるのです。高きも低きもな
　　く水が流れないならば、あるいは高いところと低いところはあっても
　　水が存在しないならば、何事も起こりません。すなわち、世界には二
　　元性と一元性が同時に存在するのであり、前提としてどちらの観点を
　　選ぶかはその人の気質の問題なのです。(31)

　世界について二元論的な概念を選ぶか、一元論的な概念を選ぶか。そし
て、気質に関する説明についても、それを二元的に行うか、一元的に行う
か、その選択自体もまた、気質の問題だということになる。

　二元的な説明原理を好んだジェイムズを、ユングはリビドーという一元
的な傾向のもとに引き取っていながら、『心理的諸タイプ』の時点では、あ
くまでジェイムズ的な説明が依然前面に出ていた。

　しかし、第2節にて確認したような『赤の書』におけるヴィジョンは、二
原理の結合という事態をより顕著に描くことになる。とりわけ「試練」に
おいて、「相違と同等の同時性」(32)として表現されるように、ユングは『赤
の書』において、二元性の一元的なあり方、あるいは一元性の二元的なあ

り方を感得したのではないだろうか。こうして、『タイプ論』におけるユングは、「リビドー」という一元的な傾向を持った従来の説明原理のうえに、ジェイムズとは異なる独自性を展開させていくことになるのだ。

　こうしてユングのタイプ理論は、『赤の書』におけるユング自身の内的体験という土壌を通して、その本来の領分であったはずの認識論を越え出て、「個性化」論としての創造的な人間形成の問題にまで足を踏み入れたのではあるまいか。

第4節
「私」の神話をめぐる探求

　フロイトとの訣別の原因ともなった『リビドーの変容と象徴（*Wandlungen und Symbole der Libido*）』（1911-1912）は40年後に『変容の象徴（*Symbole der Wandlung*）』（1952）として改訂される。ユングは改訂の際の序文において、初版当時のことを振り返って、『自伝』にも登場する以下のある有名なエピソードを記している。

　ユングは神話について研究するうち、自らに「おまえはどういう神話を生きているのか」と本気で問わずにいられなくなったという。しかし、当時の彼は、その問いに答えることができなかった。そこでユングは次のように感じた。

> こうして、「私の」神話と知り合いになろうという決心がおのずと生まれ、これを特別の課題と見なした。［……］私の個人的な要因、他者の認識にとって不可欠な個人的方程式（*persönliche Gleichung*）を私自身が意識していないならば、対峙している患者をいかにして正しく考慮することができようか。[33]

　前章に見たように、ここで述べられる「個人的方程式」の問題こそ、『タイプ論』の根本的テーマであった。それぞれの個人に特徴的な世界認識の

様式を、ユングは「心理的個人的方程式」と呼び、外向・内向および心的機能の四類型を、これを理解するためのスケールとして位置づけたのである。『タイプ論』は、「個人的方程式」について理論化した方法論の書であったと言える。

　一方、『リビドーの変容と象徴』の翌年から始まった、『赤の書』におけるユングのイメージとの取り組みは、彼の「個人的方程式」、ユング自身が生きている「神話」を受け取り、展開するという実際的な試みであったと考えられる。

　個別的なイメージ体験を突き詰めた『赤の書』と、一般的な理論としての『タイプ論』は、現れ方や方向性こそ大きく異なるが、ユングという個人において分かちがたく結び合うものである。『赤の書』のイメージにおいて、対立物がその根底で一つであり、創造的な形成が常に待たれていたように、同時期に深められた『赤の書』と『タイプ論』もまた、それ自体がユングの中で創造的に交流していたはずである。『赤の書』における彼自身の「個別性」を追求する試みが、その心理学的理論の体系の礎となる『タイプ論』において、その試み自体を焦点化する動的な原理として結実したのである。ここに「個別性」の心理学の誕生を見ることができよう。

　ここまでで、ユングはジェイムズの理論を乗り越え、その独自の心理学へと歩み出したかに見える。ユングの夜の航海を支えた「導き役」としてのジェイムズの役割はここで終わりを告げたのだろうか。

　ところが、ユングの著作や書簡を見ていくと、ユングはこのあともたびたびジェイムズの名に言及し、彼から受けた学問的恩義を語っている。ジェイムズは、類型論という多元的な思考法のヒントをユング心理学に与えたほかに、どのような影響をユングに及ぼしたのか、あるいはジェイムズのどのような側面が、その後のユング心理学の展開と共鳴したのだろうか。第Ⅱ部では、この問いをめぐって考察を行っていくことにする。

第Ⅱ部

個別性から普遍性へ

第4章
個性化と宗教的経験

そうであっても、あなたが孤独に浸るなら、
あなたの神はあなたをほかの人びとの神へと、
そしてそのことによって真の近さへと、
ほかの人びとにおける自己の近くへと導くであろう。

(『赤の書』「第一の書」より)[1]

第1節

『赤の書』との離別——「個別性から普遍性へ」という課題

1-1　ユングの転向

　およそ16年もの年月をかけて自らの「神話」とも言える『赤の書』への取り組みを続けたユングであるが、実はその後、1930年を境に、彼は『赤の書』の作業から完全に遠ざかってしまうことになる。

　きっかけは、1928年に、ヴィルヘルム（Wilhelm, Richard）から受け取った小さな書物、『黄金の華の秘密（Das Geheimnis der goldenen Blüte）』であった。道教の錬金術について書かれたその本に、ユングは「現実への道筋を見出し」、もはや再び『赤の書』に取り組むことができなくなった、というのである[2]。それからの彼は、晩年に至るまで主に西洋の錬金術の研究に没頭し、自らの心理学との連関を見出していく作業に専念するようになる。

　果たして、こうした1930年以降のユングの関心の転向は、『赤の書』が彼にとってすでに過去の時代のものになってしまったことを、あるいは彼の心理学の理論にとっては現実的でないものになってしまったことを示しているのだろうか。

　しかしやはりその一方で、『赤の書』に描かれた内的世界との対決が自らの人生にとってどれだけ重要なものであったかについて、ユングが講義や著作の多くの箇所でたびたび強調していることもまた見逃すことはできない。たとえば、序章でも引用したように、ユングは晩年の『自伝』において、『赤の書』に取り組んだ年月を評して、「私の生涯の仕事の第一質料」と表現しているのだ[3]。

　ここでユングが錬金術の術語を用いて述べているのは、単に、内的イメージと格闘した当時の経験が後の仕事の精神的な糧になった、というようなことではない。そうではなく、その私的な経験こそが、彼の心理学にとっての「第一質料」、すなわち「一切のものが原理的に、潜勢的に存在している」もの[4]として、最重要の意味を持ったと考えているのである。もしそうであるならば、『赤の書』から離れ、錬金術研究に転向した後の彼にと

っても、『赤の書』の体験はそれまでとは別の仕方で、やはり彼の研究活動の根底にあり続けたという仮説を立てることができるのではないだろうか。

本書では以下、第Ⅱ部において、1930年を境にした「『赤の書』から錬金術研究へ」というユングの関心の変化に着目する中で、自らの「個別的」な世界を追求した彼が、今度はそれを心理学という「普遍性」へといかに位置づけようとしたかをめぐって考察を行うことにする。第4章では、ウィリアム・ジェイムズとの残されたもう一つの接点である宗教研究への姿勢を通して、第5章ではユングの錬金術研究を通して、この問題について検討していきたい。

1-2 普遍性への葛藤

それでは、ユングはなぜ「個別的」な世界を追求することだけでは飽き足らなくなってしまったのだろうか。第1章に見たように、もしもユングが『赤の書』を自分にとっての「聖堂」であると捉えていたのなら、その内容は他の誰でもなく、自分だけのためのものであると考えていたのなら、『赤の書』は私的なものとして、彼自身にとって十分に意義を持つものであったのだろう。

ところが、ユングはその一方で、次のような苦悩も書き留めていたという。

> しかしながら、苦しいのは、このことがただ私の身にのみ起きているに違いないと思うこと、私が深みから持ち帰ったものから、誰一人光を得ることはできないだろうと思うことである。[5]

1914年8月に第1次世界大戦が勃発したとき、ユングは1913年秋から繰り返し見ていた血の海や大地の凍結のヴィジョンの意味を見出し、「何が起きているのか、そして自分に固有の経験が集合的なものとのどのような点でつながっているのかを理解するために探求せねばならない」と感じたという[6]。つまり、『赤の書』は一方で「個別的」なイメージへの取り組みでありながら、そもそも試みの始まりは、「普遍性」へのつながりを模索するも

のでもあったのだ。

　そうした観点から見ると、先の引用には、『赤の書』がユング個人にとって意味ある作業であることは疑わないとしても、その「個別性」を追求するだけで本当に他者や世界の「普遍性」とつながるのかについて確信することができないでいるジレンマが見て取れる。

　また、第 2 章において詳しく見たように、『赤の書』の体験以後初の大著となった『タイプ論 (*Psychologische Typen*)』(1921) は、世界が各個人の「心理学的個人的方程式 (*psychologische persönliche Gleichung*)」[7]によって切り取られていること、その特有の「個別性」を認識していく必要を論じたものであった。『赤の書』の取り組みとほぼ同時期に深められた『タイプ論』は、「個別性」の追求を理論的に行った試みであるとも言える。しかし、この『タイプ論』で得られた結論に対しても、ユングは『赤の書』に見られたのと同様の葛藤を示唆しているのである。

　ユングは、『タイプ論』当時のことを、後に自ら回想しながら次のようなことを述べている。

　　タイプについての本は、人間のなすいかなる判断もその人のタイプに制限されており、いかなる観点も相対的なものであるという認識をもたらした。その結果、こうした多様性 (*Vielheit*) を補償する統一性 (*Einheit*) への問いが頭をもたげたのである。[8]

　個の「多様性」が突き詰められたとき、そこにはその帰結として相対主義が待ち構えている。今度はこれを補償する「統一性」を、ユングは求めるようになったというのである。

　ジェイムズの『プラグマティズム』でとりわけ強調されたのは、各人各様の価値、「個別性」と「多元性」の重要性であった。『タイプ論』の根底にも、その思考法は受け継がれており、われわれが各々の気質に従って世界を捉える限り、あらゆる信念上の対立は、あくまで「個人的方程式」の範疇の問題となる。その考えにおいては、あたかも、個々人の内閉した世界が無限に並列されるばかりで、それら相互の間につながりもなければ対

話もなく、それぞれの世界の内側に何らか変化が起こることなど期待することはできないかのようなのである。

　ここに『赤の書』当時にも示されていたユング自身の葛藤を重ねてみるならば、『赤の書』および『タイプ論』以後のユングが、「個別的」な世界の探求だけを続けていくことに一定の限界を感じており、その「個別性」を担保しながら、いかに「普遍的」な次元へとつながる道を見出しうるかという問いへと舵を取っていったことが推測される。

　ここで本章が以下に導きの糸として注目するのは、ジェイムズのもう一つの主著『宗教的経験の諸相（*The Varieties of Religious Experience*）』(1902)（以下、『諸相』）をめぐって、直接的・間接的に展開されるユングの議論である。『タイプ論』以降のユングは、ジェイムズという存在から離れてしまったわけではなく、今度はこの著作をたびたび取り上げてジェイムズに言及しているのである。「多様性」だけではなく、それを補償するものとしての「統一性」への問いに向かっていったというユングにとって、ジェイムズのこの著作はどのような意味を持つものであったのだろうか。

　結論を先取りするならば、そこには、個々人の「個別的」な体験を重視し、その体験の一次性にとどまりながら、なおかつその共通性を論じていこうとするジェイムズの方法論に対するユングの共鳴が看取され、また内容面においても、ユングの宗教論のうちに顕著な類縁性として現れることになる。『諸相』においては、ジェイムズの『プラグマティズム』では中心的に論じられていなかった「自我」の変容の問題が論じられており、そこに「自我」を超越したものとの出会いをめぐるユングの「個性化」論との深い連関が見られるのである。

　第1章にて触れたように、1909年のユングとジェイムズの会合の際、その短い時間のほとんどを占めたのは、二人が大きな関心を寄せていた宗教体験、とりわけ心霊実験に関する話題であった。ユングとジェイムズの興味がそこに重なるまでには、どのような背景があったのだろうか。また、『赤の書』以前からのそうした関心が、ユングの1930年以降の転向にどのように焦点を結んでいくようになるのだろうか。こうした観点から、まずは以下にジェイムズの『諸相』の特質を考察していくことにする。

第2節
『宗教的経験の諸相』をめぐって

2-1 ジェイムズ『宗教的経験の諸相』

　ユングは、その著作・講演等において、『諸相』を頻繁に取り上げている。『諸相』中の概念や、そこで用いられる方法論が、「集合的無意識」や「自己」といったユング独自の概念、そして神といった超越的な事柄を取り扱う際の一つの準拠枠として用いられていくのである。それでは、『諸相』とはどのような書物であったのか。

　『プラグマティズム』にも示されているように、ジェイムズの思想的立場は、普遍的で唯一の真理を問うのではなく、個人それぞれがある信念を持つことによってもたらされる価値を見ようとするものである[9]。したがって、信念の最も顕著な形であると言える宗教的信仰においても、人がこれを信じることによって勇気づけられ、人生がより良きものに転ずる限り、「神」の存在は肯定されるべきものとなる。ゆえに彼のプラグマティズムは、神の存在証明という科学的には解決し得ない問題を、生への寄与の観点から積極的に捉えた思想ということになる。このような視点から、古今東西の宗教経験の証言を収集して編まれたテキストが『諸相』であった[10]。

　ここでジェイムズは、宗教経験を病理現象として退ける医学的唯物論と、「神」の実在を盾に宗教の価値を自明視しようとする伝統的宗教の立場の双方を批判して、宗教を以下のように定義する。

　　宗教とは、個々の人間が孤独の状態にあって、いかなるものであれ神的な存在と考えられるものと自分が関係していることを悟る場合だけに生ずる感情、行為、経験である。[11]

　こうした「宗教」には、「回心」と呼ばれる突発的な宗教体験[12]や神秘家の合一体験はもちろん、精神的な絶望状態からの回復といった実存的経験も含まれる。この定義に従えば、一般的に宗教と呼ばれている伝統的・

組織的なあり方は、個人の宗教的経験に比して二次的なものとなる。ジェイムズは、「制度的宗教（institutional religion）」と「個人的宗教（personal religion）」を厳密に区別し、後者を「より根本的」で「根源的な事柄」と明言するのである[13]。

深澤によれば、『諸相』におけるジェイムズの試みは「『宗教体験の現象学』の真正の端緒」であった。ジェイムズが用いた方法は、彼自身が『諸相』初版の序文で示している通り、真に「記述的な（descriptive）」もの[14]である。それは、現代の宗教心理学における「手記資料法」に基づくものであり、ジェイムズは「近代的な、より記述的な自伝資料」に重点を置きながら、「そこから体験の現象性格を読みとる」ことを意図した。あくまで、体験の一次性、根源性を主張したというのである[15]。こうして、ジェイムズは普遍的な神概念や宗教そのものではなく、「個人という部分的なしかし最も切実な場」[16]における経験こそを重視し、それが当人の人生にいかなる成果をもたらすかに注目し、考察を行ったのだ[17]。

しかしながら、ジェイムズはこの著作で、信仰が個々人の体験において持つ実際的価値ばかりに焦点を当て、「宗教的経験の起源や実在についてなにも論及しなかったわけではない」[18]。論及しなかったどころか、『諸相』の終盤は、プラグマティズム哲学であれば括弧に入れられるべきにも見える、実在の領域にまで、やや大きく足を踏み込んで議論を進めていくのである。この点こそ、ユングに深い共鳴を呼び起こしたものであると言えるだろう。

『諸相』の終盤、第16・17講の二つの講義は、「神秘体験」の叙述に充てられる。「神秘体験」とは、個人と神的次元との合一の体験である。ジェイムズは、「個人的な宗教経験というものは意識の神秘的状態にその根と中心とをもっていると言える」[19]と述べ、その考察こそ最も重要なものであるとして、多くの典型例を挙げていくのだ[20]。

そしてジェイムズは、『諸相』結論部において以下のように述べる。

　一般的、共通的なものだけに限ってみると、意識的人格は救いの経験をもたらしてくれるより広大な自己（a wider self）と連続している、とい

う事実こそ、宗教的経験に関するかぎり、文字どおり客観的に真であると私に思われる宗教的経験の積極的内容をなすものである。[21]

　ここでジェイムズは、個人的な宗教的経験の根底にあるものとして、「より広大な自己」という仮説を持ち出す。そしてこれに続く箇所でさらに、「私は私自身の過剰信仰（over-belief）を提供することになろう」との前置きとともに、この仮説に関する自らの論を展開していくのである。

　　私たちの存在のはるか向こう側の限界は、感覚的に知覚される、そして単に「悟性で知られる」世界（'understandable' world）とは全くちがった存在の次元に食い込んでいるように私には思われる。それは神秘的領域と名づけてもいいし、超自然的な領域と名づけてもかまわない。私たちは、私たちが目に見える世界に属しているのよりもはるかに本質的な意味で、この領域に属している。[22]

　ジェイムズによれば、「他の実在の中に効果を生み出すものは、それ自身一つの実在と呼ばなければならない」。個々の人間存在がそこに結ばれるときに、「有限な自己」がさまざまな程度において「新しい人間に変わり」、その実際的な行為にも変化が生じるようなもの[23]。その「向こう側」の領域を、彼は「より以上のもの（the more）」と呼び、宗教的実在そのものの名前として用いたのである[24]。そして、「このもっと広大な意味の世界を勘定に入れて、それを真剣に扱うことは、それがどれほど複雑で私たちをどれほど悩まそうとも、私たちが究極的に完全な真理に近づくためには欠くことのできない段階であろう」と述べるのである[25]。

　以上見てきたように、ジェイムズは、個人の宗教的経験を最重要視し、個々の事例を数多く並べて提示する中に、普遍的な形式を見出していく。そして、そこにおいて共通して効果を及ぼしているものとして「より以上のもの」を実在として認め、それをもって経験を超越した次元の事柄を論述してみせたのだ。

　これについて、ジェイムズと互いに敬愛し合う友人であったフランスの

哲学者ベルクソン（Bergson, Henri-Louis）は、『諸相』読了後の感想を書簡において以下のように述べている。

> お送りくださった書物 ——『宗教的経験の諸相』—— をたったいま私は読み終えたところです。そして、拝読してどんなに深い感銘を受けたかをお伝えせずにはいられません。[……]あなたは宗教的情緒の真髄を摘出することに成功されたように私は思います。宗教的情緒が一種独特の喜びであるとともに、より高い力との合一の意識でもあるということは、おそらく私たちがすでに感じていたことでしょうが、しかしこの喜びとこの合一の本性は、分析することも表現することもできないものと思われておりました。にもかかわらず、読者に一連の全体的印象を次々と与えて、読者の心のなかでその印象を相交らせ、同時に互いに融合させるという斬新な方法をとられたお蔭で、あなたにはそれを分析し表現することができたのです。そこにあなたは一つの道を拓かれました。きっと多くの者があなたの後を追うことになるでしょう。しかし、あなたはその道をいっぺんでたいへん遠くまで進んでしまわれましたので、あなたを追い抜くことはおろか、あなたに追いつくことさえ困難でありましょう。(26)

あくまでプラグマティックな視点から、神や宗教現象の真偽そのものはブラックボックスに入れつつ、そのうえで人類史における個人の変化の経験に注目し、宗教的実在としての「より以上のもの」を措定する。『プラグマティズム』として結実する彼の哲学の背後には、すでに5年前に『諸相』に示されていた、このような宗教経験への態度があったのである(27)。ジェイムズがなぜ、個々人の宗教経験をかくも重視しようとしたかについては、このあと第3節にて探求することにして、以上に見てきたようなジェイムズの議論を、ユングがどのように引き取ったかについて次に見ていくことにする。

2-2 ユングによる『諸相』の評価

ユングは、全集中 7 か所において『諸相』に直接言及しているほか、全集に収録されていないセミナー等においても、たびたびこの書名を挙げている。そこで彼は、主に以下の二点において、臨床的観点から『諸相』を高く評価している。まずその方法論に関して、そして『諸相』が示した事例の秀逸さに関してである。まず、この二つの点から直接の言及箇所を概観することにしたい。

記述的手法への評価

第一に、ユングが『諸相』を評価するのは、その手法においてである。1936年の論文「元型――特にアニマ概念をめぐって（Uber den Archetypus mit besonderer Berücksichtigung des Animabegriffes）」でユングは、『諸相』の「記述的（beschreibend）」方法論に言及している。ユングによれば、これまでの医学的心理学においては、こころの現象（seelischen Erscheinung）が全体的に捉えられる必要が見過ごされてきた。神経症の分野では、ジャネ（Janet, Pierre）がすでに記述的な方法を構築し始めてはいたものの、初めて伝記的な記述（biographische Beschreibung）によって厳密な医学の領野を越え出たのは、異常人格の心理を記述したフルールノワ（Flournoy, Théodore）[28]の主著、『インドから火星へ（Des Indes à la Planete Mars）』である。これに続く「最初の包括的な試み」として出版されたのが、ジェイムズの『諸相』であった[29]。ユングは彼らに対する学問上の恩義について、以下のように述べる。

> 私がこころの障害の本質を人間のこころ全体の枠組みの中で捉えることを学んだのは、とりわけこの二人の研究者のおかげである。

ユングは、自分自身も数年間にわたって、実験的な研究を行ってきたが、神経症や精神病に集中的に取り組むうち、「量的な測定（quantitative Bestimmung）も望ましいとはいえ、質的に記述する方法（qualitativ beschreibende Methode）なしにはうまくいかないことに納得せざるを得なくなった」。障害を決定している事態は極めて複雑なものである。「いかなる自然科学も、もはやそれ以上

実験的には先に進めないところでは記述的になるものであって、それによって科学的であることをやめてしまうことにはならない」。こころは、生理学あるいはその他の前提条件の射程範囲内にだけ存在するものではない。科学的に観察するときはいつでも、こころの現象を全体として検討すべきだ、というのである(30)。

事例の秀逸さへの評価

　そして、第二にユングは、日常の意識に対して垂直に突き上げてくるような「超」意識的な体験の例を多数取り扱ったテキストとして、『諸相』を高く評価する（直接の言及箇所のほとんどはこちらに属している）。

　たとえば、その最も顕著なものに、1928年の『自我と無意識の関係（*Die Beziehungen zwischen dem Ich und dem Unbewußten*）』がある。ここでユングは、無意識との直面による人格変化（Persönlichkeitsveränderung）について論じる際、その広範囲に及ぶ素材を示した優れた叙述として、『諸相』の名を挙げている。ユングによれば、「われわれは、人格の変化が主体的・内的な動機、考えや信念によって生じうるものである［……］という事実を認めざるを得ない」。精神病や芸術的創造における直感と並び、「宗教的回心」という事態はどれも「自立的な内的過程に基づくもの」であり、その過程が進行した結果が人格変化となって現れる。この過程は原則として、最初は意識下（unterschwellig）、すなわち無意識で起こり、少しずつしか意識の領域に到達しないという特性を持つが、そうした意識への侵入がきわめて突然襲うこともある。このような「意識の中に暗示的な力を持って介入してくる、かの非常に複雑な内的過程を誰にでもわかるように表現する」のは大変困難なことであるが、『諸相』が、そのイメージを作るための数少ない好例を提供しているというのである(31)。

　以上のように、ユングが『諸相』を大変高く評価しているのは間違いない事実であるが、このようにユングが直接『諸相』に言及している箇所を挙げていくと、ユング理論全体の印象から見たとき、その数はむしろ少ないほどであるように思われる。というのも、たとえばユングは、ジェイムズの名に触れることなしに、次のような論述をすることがあるのだ。

われわれはなぜ、決して証明し得ないことがわかっている信仰を抱くのであろうか？　それが有益なものとなるただ一つの経験的理由は、それが役に立ち、ある程度必要とされるということにある。それがわれわれの存在に意味を与えるがゆえに、われわれは実際に普遍的理念や信念を必要とするのだ。[32]

　信仰を抱くことがわれわれにとって持つ意味に関して、容易にジェイムズを髣髴とさせるような[33]こうした発言は、ユングが無意識裡にジェイムズの影響を受けていることを、またはジェイムズの読書を通した共鳴がユング自身の思想へと陰に陽に取り入れられていることを示してはいないだろうか。

　これから見ていくように、ユングの宗教論、そしてそこから導かれていく「個性化」論の根底には、『諸相』と共通する思考を多く看取することができる。次節では、ユングとジェイムズ両者の「宗教的経験」の捉え方が、同時にその自己実現論と密接に関連していることを示したうえで、そのような思想へと至った源流とも言える彼ら自身の生活史上の共通項を見ていくことにする。

第3節
「宗教的経験」と人格変容

3-1　ユングの宗教論

　本節ではまず、ジェイムズへの直接の言及がわずかであるゆえに、あたかも独自に展開されたかにも見えるユングの宗教論をジェイムズの思想との関連から追うことにしたい。

　ここでは、ユングの宗教論の性格を明らかにするために、ユングが1937年にイエール大学にて行った「心理学と宗教」に関する講義の内容を中心に、その特徴を大きく二項目に分けてまとめていく。第一に、宗教的経験の心的現実性に関して、第二に、宗教的経験による人格変容に関してであ

る。以下に順番に見ていこう。

宗教的経験の心的現実性

　第一に、ユングが宗教の問題について論じる際、初めに必ず丁寧に言及するのが、自らの心理学者としての領分についてである。自分は、臨床の場に従事する「経験主義者（Empiriker）」であり、それゆえに「現象学的立場」を離れることはない(34)。対象は「現象や出来事、経験——つまり事実（Tatsache）」に限られる(35)。したがって、宗教を取り扱う際にも、この領分は厳密に守られることになる。

　これについて、ユングは以下のように述べている。

　　宗教という現象が非常に重要な心理学的側面を有している限りにおいて、私はこのテーマを純粋経験論的な観点（rein empirischen Gesichtspunkt）から論じることになる。すなわち、現象の観察に限定し、あらゆる形而上学的または哲学的な考察を慎むということである。(36)

　この「純粋経験論的」という限定は、明らかにジェイムズの経験論を思い起こさせる。ジェイムズは『プラグマティズム』において、自らの経験論的立場を、彼岸にある一元論的な価値を追求しようとする合理論者と区別し、しかも同時に、経験論の偏った表れとしての極端な実証主義とも線引きを行っている(37)。

　物事の「根」ではなく、その「果実」を見る。こうした経験論においては、たとえば「神」という超越的存在が存在するか否かを問うのではなく(38)、ともかくある個人の身に超越的な体験が降りかかったとするなら、その体験がその個人にどのような影響を及ぼしたか、人生にどのような啓示を与えたかに目を向ける。ひたすら心理的事実としての宗教体験に関心を寄せるのである。

　ユングもまた、上記の引用のように、「形而上学的」「哲学的」考察は行わないと宣言し、別の箇所でも、「ここでの真理（Wahrheit）とは、事実（Tatbestand）であって判断（Urteil）ではない」(39)と明言している。

このようなユングの宗教への態度は、フロイトのそれと比較した場合、さらに明確なものになるだろう。『幻想の未来』においてフロイトは、強迫神経症の患者の儀式的振る舞いとキリスト教のミサなどの宗教的儀礼の通底に着目している。人間が原罪を信じることで、宗教は罪悪感に基づくこととなり、それは「普遍的な強迫神経症」と見なしうるというのである。すなわち、宗教は、人間が苦難から逃れるために集団で陥る妄想と位置づけられる(40)。ここでフロイトは、ユングの言葉を用いて言えば「形而上学的」な領域に対して一つの「判断」を下していることになる。これに対してユングは、たとえば、処女懐胎というキリスト教のモチーフを扱うにしても、問題となるのはそのようなことが本当に起きたか否かではなく、そうした観念が実際に存在している限りにおいて、それを「心理的真実(psychologisch wahr)」として認め、考察の俎上に上げるのである(41)。
　こうして「純粋経験論的な観点」をとるユングにとっては、自らの宗教論が「神の存在証明」であると解されるとすれば、「それは残念な誤解である」(42)。なぜなら、彼は「存在」については扱わないからである。
　しかしユングにおいて、「存在」について扱わないということは、「存在しない」ことを主張するものではない。彼は、現代心理学が宗教に対して犯した二つの「誤謬」として、唯物論(Materialismus)と心理主義(Psychologismus)を取り上げる。唯物論は、物理的に発見されないがゆえに神の存在を否定し、心理主義は、宗教の持つ超越性を「意識の欠如」として、あるいは権力への意志や性欲の抑圧といった心理的動機によって説明することで、やはりその存在否定を行った(43)。しかし、ユングによれば、宗教現象について「われわれがどんな印象を受けるか、われわれがどう考えるかなどは、まったく関係のないこと」(44)である。重要なのは、その人が何を感じたかに他ならない。「もしこの体験がその人の状況に根本的な影響を与えているとすれば、論証によってそれを否定しようとするのは無意味なことである」というのだ(45)。こうしたユングの態度は確かに、「純粋経験論的」な立場として、先に見たジェイムズの主張と軌を一にするものと言えよう。

宗教的経験による人格変容

　そしてこの帰結として、やはりユングも、個人の「経験」としての宗教を最重要視する。ジェイムズ同様[46]、個人における宗教的経験と、実定宗教としての「宗派（Konfession）」とを明確に区別するのである。

　ユングは、1917年にルドルフ・オットー（Otto, Rudolf）が『聖なるもの』で示した「ヌミノーゼ（Numinose）」[47]の概念を用いて、宗教を次のように定義する。「『宗教』とは、ヌミノースム体験によって変化を遂げた意識がとる独特の態度、ないしは方向だと言って差し支えない」[48]。そして、そのような「最初の宗教的経験が、教則・教義化されるに至った形」が「宗派」ということになる[49]。

　もっとも、ユングは「宗派」としての宗教を過小評価していたわけではない。それらは歴史の中で、人間を襲うさまざまな超自然的な力と人間との間に立ち、人間を保護する役割を引き受けてきた[50]。教義（Dogma）もまた、人間の力を超え出た非合理なものを説明する体系としては、学問的な理論などよりもはるかに洗練されたものと考えられる。メタファーによって、超越的で感情的な要素をより適切に表現することができるからである[51]。

　そのうえで、ユングは個人の経験としての宗教に的を絞り、議論を進める。ユングは、宗教的経験の始まりを、集合的なこころからの自律的で圧倒的な諸力が、意識に対して侵入する現象として説明する。それが、「驚嘆に値する」ほどの「人格の変化」をもたらすというのである[52]。この際、ユングが個人の宗教的経験を分析していく中で論じることになる「集合的無意識」「こころ（Seele）」の領域は、ジェイムズが「より以上のもの」と表現した次元と重なるところがかなり大きい。ただし、臨床の現場に携わる精神科医であったユングにとって、ここで念頭に置かれていたのは、生の価値への問いに襲われた神経症患者であった。

　ユングは、自分のもとを訪れた一人の男性患者を例に挙げている。彼は、極度に合理的で理知的な男であったが、「神経症および人間から生気を奪ってしまう猛威を前にして、自分の精神態度や人生観が全く何の役にも立たぬことを経験した」。それまでの信念や世界観に裏切られるような事態に見舞われたのだ[53]。ユングとの治療セッションが始まり、一連の過程の中で、

彼は400以上の夢を報告することになるが、そのうち特に二つの夢は、明らかに超越的な内容を含む夢であった。そして、これらが彼の変化に大きく関わったというのである。「この夢は、患者にとって厳粛かつ重大な体験であり、その他これに類した体験ともども、人生と人間に対する彼の根本的態度に広範囲な変化をもたらした」[54]。

　ユングによれば、「無意識」からくる超越的な力は、患者を主観的に納得させるだけの説得力を持っている。「それは当の経験者にとって、『一切 (alles)』を意味する」[55]。「生命と意味と美との源泉となり、世界と人類とに新しい輝きを与える偉大な財産となる」というのである[56]。このように、意識が、個人を超えた「圧倒的 (überwältigend)」な力に対峙し、人格を変容させられるという「個性化」の経験について論じることを通して、ユングは「個別的」な経験世界を突き破ってくるような、集合的な超越的次元を扱っていくのである。

　堀江は、ユングとジェイムズの理論の共通性について論じ、これを「ロマン主義的自己実現論」と呼んでいる。彼らは両者とも、「一面的自我を超えた〈より以上のもの〉（世界・他者・無意識）に触れることで潜在的可能性としての自己を実現すること」をその議論の念頭に置いており、「宗教＝宗教体験は、人間の心理的成熟を促すものであると考えていた」という[57]。

　これまで見てきたように、ユングの宗教論は、個人の心的現実としての「宗教的経験」を扱うがゆえに、宗教について論じたものというよりは、自我を超える「宗教的」で超越的なものとの関わりが「個性化」にとっての本質的な要素になっているとする、自己実現論を展開していると言える。また2-1に見たように、ジェイムズにおいてもその傾向は顕著であり、二人には共通して、超越的なものに襲われる精神的「危機」の経験が、むしろ創造的なものとして人格の変容に関わるというモチーフが見て取れるのだ。

　変容のこのような形を、ジェイムズは「二度生まれ (twice-born)」と名づけている。この「二度生まれ」の観点から、彼ら自身の生活史に目を向けたとき、そこには再び興味深い一致点が浮かび上がってくる。

3-2 「二度生まれ」の人間観

　ジェイムズは、『諸相』の前半部において、「健全な心」と「病める魂」という二つの人生観について論じている。前者は「幸福になるためにただ一回の生誕だけで足りる人間に特有なもの」であり、後者は「幸福になるためには二回の生誕を必要とする人間に特有なものである」[58]。この後者こそ、ジェイムズが特に注目するあり方である。

　ジェイムズによれば、「二度生まれの人の性格の心理学的な基盤は、その人の生まれつきの気質のなかに或る種の不協和あるいは異種混交がある」[59]ことにある。彼らは自然的な善を無邪気に享受することができない。厭世主義が極端に達すれば、容易に「病的な憂鬱の餌食」となるのだ。それは精神的な「死」を意味する。

　しかし、この憂鬱が何らかの形で突き詰められたとき、彼らはきわめて宗教的な、恍惚たる喜びをもって、二度目の誕生を果たす。「暴風と抑圧と矛盾の時期のあとに、革新と安定と平衡があらわれる」[60]というのだ。「この統一は徐々に生ずることもあり、突然に起こることもある」[61]。「それによって生きるところのもの」[62]と呼べるような、ある種の永続的で確かな実感を得るというのである[63]。

　ただし、この二度目の誕生は、一度生まれの人の幸福とは性質を異にする。苦悩の深淵にいたときの悲しみが、それを克服した新しい心の中にも小さく保存されているからである[64]。悲しみが目に入らないために享受されている幸福に比べ、憂鬱の経験を経てもなお獲得された幸福の感覚は、より高次の統一を意味しているというのである。

　さて、以上を論じた第7講の「病める魂 (The Sick Soul)」の最後に、「圧倒的な恐怖という形」をとった「もっとも悪質の憂鬱」の一例として、ある手記が取り上げられている。ジェイムズは後に、この事例が、実は他ならぬ自分自身の体験であると告白しているのだ[65]。その手記とは、次のようなものである。

　　こうして、哲学的な厭世主義の状態におちいり、将来の見通しについてすっかり気持ちが陰鬱になっていたある夕方のこと、私はある品物

を取るために、薄暗がりの衣装部屋へはいっていった。そのとき突然、なんの予告もなしに、まるでその暗闇から現われたかのように、私自身の存在に対する身の毛もよだつような恐怖心が私を襲った。それと同時に、かつて保養所で見たことのある癲癇病患者の姿が、私の心に浮かんできた。それは、緑がかった皮膚の色をした、髪の黒い青年で、まったくの白痴だった。［……］その姿と私の恐怖とが、一種独特なふうにお互いに結びついた。もしかすると、あの姿が私なのだ、と私は感じた。［……］まるでそれまで私の胸のなかでがっしり基礎を固めていたものがまったく崩れてしまって、私自身が恐怖におののく塊になったように思われたほど、私は彼を恐れ、また彼と私との相違はほんのつかの間のことでしかないことを感じた。それ以来、宇宙は私にはまったく一変してしまった。(66)

　この極めて生々しく印象的な手記は、「私のこの憂鬱症の経験には宗教的意味がある、と私はいつも思っている」(67)との書き手の言葉で、すなわち実際はジェイムズ自身の言葉で締めくくられている。
　1869年、ハーバード大学から医学博士号を授与されたジェイムズはこの時期、健康状態の悪化から慢性的なうつ症状に悩まされ続けていた。その病状はきわめて深刻で、うつ状態の渦中で「自殺」をめぐる問題に捕らわれ、ついには「自殺」こそが自由意志の最も正当なる表現と考えるまでに至ったというのだ。
　しかし翌年になって、彼はある読書をきっかけに、この精神的危機を克服することになる。それは、ジェイムズの思想に大きく影響を与えた、フランスの哲学者シャルル・ルヌービエ（Renouvier, Charles）の『一般批判論集』中の自由意志に関する一節であった(68)。ジェイムズはその記述に衝撃を受け、「死と復活」の意味を感受することになったという。
　1870年4月30日の日記で彼は次のように述べている。

　　自由意志による私の最初の行為は、自由意志を信じることだ。［……］今こそ私は、自分の意志で一歩を踏み出そう。自分の意志で行動する

だけでなく、信じるのだ。私という現実と創造力とを信じよう。［……］私は、生を肯定する。(69)

　憂鬱症や身体的な不調はその後も彼をしばしば苦しめることになるが、この絶望的状況とそこからの帰還の体験は、ジェイムズにとって非常に大きな意味を持つものであったという(70)。
　『諸相』中のジェイムズ自身の精神的危機の記述は、状況や年齢こそ違えども、存在の基盤が音を立てて崩れ落ちるような体験として、序章に引用したユングの『赤の書』冒頭の大洪水のヴィジョンを想起させるものであると言える。
　ユングもまた、二度生まれの人の特徴を体現するかのように、そもそも幼少期より心に不協和を抱えた人物であった。ルーテル派の牧師の息子としてキリスト教の環境の中に育ちながら(71)、ユングにとって「教会は徐々に苦しみの場所へと変わっていった」(72)。彼がすでに体験的に感じていた神秘的な力(73)と、ミサにおける儀式の内実とに明らかな食い違いが生じたのである。
　その他の場面においても、素直で進取の気概に満ちたNo.1の人格と、疑いに満ち老成したNo.2の人格のせめぎ合いは、特に青春期のユングにとって大きな葛藤を引き起こすものであったという(74)。
　そのような彼にあって、『赤の書』の「方向喪失」の時期は、一度はNo.1の人格によって克服されたかに見えたNo.2の人格の破壊的な復活とも言えるものだった。「内的な不確実」のただ中に精神が飲み込まれたのである。「私はこの溶岩の流れにふとあたってしまい、その火の熱は私の人生を作り変えてしまった」(75)。無意識的なイメージの渦に巻き込まれた先に、ユングは、その体験を理論化し心理学として表現する義務を少しずつ感じるようになる。「私はそれを愛し、憎んだ。しかし、それは私の最大の富であった」(76)。
　ユングとジェイムズにとって、彼らの体験は決して、単なる病理としての憂鬱の快癒を意味するものではなかった。一度は「圧倒的」な力を前になすすべもなく、バラバラに砕き去られた自我が、ある統合性をもって再度まとめ上げられる。しかしこの変容は、憂鬱以前への回帰を意味しない。

恐怖の淵での「悲しみ」は、新しい自我のうちに保存される。超越的な原理の傷跡を残しながら、それでもなお、もう一度現実に戻り、人生を創造的に意志するあり方は、その意味で「高次」の統合と見なされたのである。彼らの思想は、こうした自らの体験を通奏低音として響かせていたのではないだろうか。

　ジェイムズは、その最晩年の著作において、次のように述べている。

> 個人の経験において、失敗に陥ったり、人によっては絶望にいたってしまったりする思考プロセスは、死のような終わり方をする。絶望の淵に立たされても、そこから新たな生の領域が拓けるという現象である。われわれの内には、事実と法律的な道徳にしか従わない自然主義者が見落としている資質がある。それは、別の幸福や力を手に入れる、息を飲むような可能性である。この可能性は、われわれが利己的な意志を捨て、より高い何かのはたらきに身をゆだねるときに拓けるものであり、物理学や通俗的な倫理学からは想像もつかないような、より広い世界を示してくれるのだ。[77]

　一見すれば「死」とも見える経験が拓く「息を飲むような可能性」。本章で見てきたユングとジェイムズの宗教論はいずれも、現実主体としての自我の絶望状態の果てに、こうした「可能性」に立ち会うような宗教的経験を取り上げたものであった。そして、そのような経験こそ、人間形成の過程にとって、クライマックスにあたる事態と言える。両者において、宗教的生活は人間の生の一側面以上のものであり、最も根源的なものとして位置づけられたのである。

第4節
普遍化への方法論

　桝田は「ジェイムズみずから『宗教的憂鬱』と呼んでいる、この時の深

刻な体験が、生来ゆたかな彼の宗教的情操をいっそう深め、この体験が根本となって、『個人の経験』にもとづく宗教観が実を結んだのに違いない」と述べている[78]。

　ジェイムズの『諸相』は、あくまで「個人の経験」を重視し、古今東西の人々の宗教的経験の証言の束を列挙し、それらを押し広げていくような形で、その共通性を論じていこうとした書物であった。

　『諸相』に挙げられた事例は一人称の長文の記述が多く、どれも臨場感のあるものであり、読者はその一事例一事例に触れる中で、知らず知らずのうちに翻って自らの体験にも反省的に向き合うよう仕向けられ、その共通するところを内的に理解させられていくのかもしれない。さらに、そこにほぼ違和感なく挿入されたジェイムズ自身の体験を記した手記を、彼自身の体験であると踏まえて読み返せば、読者と『諸相』との距離はいっそう縮められることとなる。

　ジェイムズがこの中に彼自身の個別的な体験をも忍ばせていたことを、ユング自身が知っていたかどうかは定かでない。しかし、ユングもまた、『赤の書』における自らのイメージを論文において匿名で事例として挙げていることもあり[79]、両者の動機や方法論には目立たないながら重要な共通性が見える。

　『赤の書』での個別的な体験を普遍的な心理学の理論へと編み込み、構築していくことがユングのその後の課題であったのだとすれば、こうしたジェイムズの方法論はその際の大きな手がかりとなったのではないだろうか。

　本章では、ユングとジェイムズの宗教論と両者の生活史をめぐって、「個別性」「多様性」にとどまりつつ「統一性」を導き出さんとした彼らの方法論とその内容の共通性を見てきた。最終章である次章では、ユングの「個性化」論を「個別性」の観点から再解釈するべく、ジェイムズ最晩年の著作『多元的宇宙（*A Pluralistic Universe*）』とユングによる錬金術研究を手がかりに、考察を進めていくことにする。

第5章
個性化と多元的宇宙

錬金術の助けを借りて、私はついに、
その体験を一つの全体の中に整理することができた。
［……］多くの苦労と方向転換にもかかわらず、
私はそれに誠実であり続けた。
(『赤の書』「エピローグ」より)[1]

第1節
ユング「個性化」論における「個」の探求

　本書ではここまでに、『赤の書』に始まる「個別性」の問題へのユング自身の探求の道筋を、ジェイムズの思想からの照射を通してさまざまな角度から追ってきた。ユングの心理学において、この問題への取り組みに伴って構築され、深められていったのが、彼の「個性化」論であると言える。ユングの著作や講演において、必ずと言っていいほど触れられるまでに、「個性化」の概念が彼の思想において果たした役割は大きい。

　ただし、一口に「個性化」とは言っても、文脈によって強調点が異なるために、その全体像に迫ろうとすると、意外にも捉えどころが見当たりづらい。たとえば、第2章で確認した『タイプ論』における「個性化」は、「個人的方程式」の意識化により、「個」が集合的規範から特殊化していくことであったし、第4章に見た宗教的経験を通した「個性化」は、自我が超越性に触れることを通して根本的な変容を迫られることを意味していた。この二つだけ取り上げてみても、「個性化」という言葉が与える印象は大きく違っているのだ。

　本章では、ユング「個性化」論で目指された「個性」ということの意味について「個別性」という観点から改めて整理し直した後、ジェイムズ晩年の著作『多元的宇宙（*A Pluralistic Universe*）』を手がかりに、『赤の書』への取り組みに始まるユングの思想が、錬金術への傾倒を通して、最終的に「個別性」と「普遍性」の問題にどのような着地点を見出したのかを追っていくことにしたい。

1-1　ユング「個性化」論の特質

　ここで改めて、ユング自身による「個性化（Individuation）」の定義を概観してみることにする。

　1928年の『自我と無意識の関係』において、ユングは「個性化」について以下のように定義している。

個性化とは［……］個別的存在になることであり、個性というものを
　われわれの最も内奥の、最後の、何ものにも比肩できない独自性と解
　するかぎり、自分自身の本来的自己になること（*eigenen Selbst werden*）であ
　る。⑵

　ここでは、人間が個別的・独自的な「本来的自己」に至ることが「個性
化」の意味するところであると語られる。かけがえのない唯一の存在とし
て、自分の持つさまざまな能力、可能性を生かし、到達しうる最高の状態
を現実化すること。このように見る限り、ユングの「個性化」論はまさに、
彼以来多くの論者によって語られるようになる「自己実現」論の嚆矢をな
すものであると言える。
　それでは、「本来的自己」とは何か。そこに至るのは、いかにしてである
か。ここで他の理論と一線を画すものこそ、ユング独自の「自己（Selbst）」
概念にほかならない。ユングは、その「無意識」概念をもとに、第一人称
としての「自我（Ich）」と「個性化」の目標たる「自己」とを厳密に区別し
た。ユングによれば、「『自我』は、意識野の中心をなすもろもろの観念の
コンプレックス」であり、「意識野の中心でしかないという意味では、自我
は心の全体ではなく、ほかの諸コンプレックスの中の一つでしかない」。「自
我は意識の主体でしかないが、自己は無意識的な心を含めた心全体の主体」
であるゆえに、「自己は自我を内包する［……］もの」である⑶。
　ユング派の理論展開を詳細に追ったサミュエルズ（Samuels, Andrew）は、こ
の点について以下のように述べている。「フロイトはわたしたちの意識とい
う概念に挑戦してきたかもしれないが、意識の中心である自我を最高の位
置にまで高めた。［……］ユングの関心は、自我の重要性を過大評価するこ
とにはなかった。自我は自己から生じ、自己に付随するものであることを
理解したからである。ユングの自己という言葉の使い方は、日常的な使用
法や精神分析的な使用法と異なっている。そこには包括的な性質が付け加
わっているのである」⑷と。
　したがって「個性化」とは、コンプレックスの一つにすぎない「自我」
を発達させ、その「個性」を発揮させることを意味するものではない。「個

性化」によって目指されるのは、「無意識」までをも含めた「自己」の実現であり、そこにおいて「自我」の位置はむしろ相対化されるものであった。ユングにおける「無意識」が、第4章に見たような、個人を超越した領域にまで裾野を広げたものと考えられたことを思えば、「個性化」は「自我」の発達の単なる延長としての「自己実現」とは質的に異なるものが意図されていたはずである。

　しかし、本節のはじめにも述べたように、「個性化」については、ユング自身がさまざまな文脈で論じており、さらに時期によってもその力点が異なっているために、解釈は一筋縄ではいかなくなる。

　たとえば、1921年の『タイプ論』と1951年の『アイオーン』に、ユング自身による術語の解説が収められているが、両者を比べてみると、30年の間にユングの「個性化」に関する考え方に違いが現われているのが見て取れる。『タイプ論』においては、「個性化」とは社会の「集合的規範」への「同一性状態」から離れて、個的存在を形成し「特殊化していく過程」として描かれるのに対し[5]、『アイオーン』においては、「個性化」はもっぱら「自我」と「自己」との関係として描かれており、「自我」が「自己」に、あるいは「自己」が「自我」に同一化してしまうことの危険性、両者の区別の必要性が繰り返し述べられているのである[6]。

　また河合俊雄は、ユングの「個性化」概念について定義する中で、そのニュアンスが時期によって以下の三つの意味に変遷していることを指摘する[7]。初期においては、意識が無意識の力、特に母親的なものから解放されること。中期では、意識の一面的な生き方に対して、無意識における補償する面を取り入れて、こころの全体性を実現すること。そして後期になると、自我と無意識の関係より、こころ全体における対立するものの結合、中心化を指すようになるというのだ[8]。

　このように時期によってユングの「個性化」論の力点は微妙に変化しており、「個性化」の意味合いや「自我」・「自己」／「意識」・「無意識」の位置づけもそれぞれに異なっているため、ある時期の言説のみを参照すれば、大きな取り違いを犯す危険性がある。ユングの「個性化」・「自己実現」を「自我」を主語とした直線的な発展の物語としてのみ読む限り、ユングが何

より強調していたはずの「自我」にとっての「自己」の異質性は明らかになってこないのだ。

事実、「自己」という日常語の"自分自身"という意味の印象が、「自我」の発展による"自分自身の"実現という物語を加速させ、それが「個性化」論に対する批判を呼び込むこともある。

1-2 「個性化」論への批判

たとえば、グノーシス思想の研究者である大貫は、ユングの「個性化」論が失われた全体性を再び回復させる過程を描くものであるとして、そこにグノーシスと同型の構造を見出す。そして「個性化」においては、グノーシス主義者たちと同様、目指される先の無限大に膨張した自己に他者性が含まれていないと指摘し、以下のように問いかける。

「全個性化過程を経て原初の全体性を回復した自己にとって、自己ならざる他者はどのような位置を占めるのか。[……]たとえ患者が「自己の全体性」を回復しても、他者を持たない彼の「自己」は「自我」との分節が曖昧にならないだろうか。それでどこまで臨床的な癒しになるのだろうか」[9]。

「個性化」が目指す「自己」の概念は、「自我」との区別が曖昧になり、「自己」への統合を規範とする限り、それは永遠に自分の内部に耽溺し続けることにすぎないのではないか、というのである[10]。

トリューブ（Trub, Hans）もまた、ユング「個性化」論の他者性に対する配慮の欠如を指摘する。トリューブは、もともとユング派の分析家であったが、後にユングと訣別し、独自の実践を展開した心理療法家であった。トリューブは、ユングの「個性化」論が陥った神秘的・非人格的性格を批判した後、次のように述べる。

「内省的実現過程が方法的に追求する最終目標は『自分自身のなかに』閉ざされた、個化された人間なのである。[……]患者が深層心理学的な認識過程と統合過程が一貫して進行するにつれて、彼の『個人性』を自分のものにしていくとすれば、そのとき彼は自分自身のもとへと帰っていくのである。すなわち、彼は現実の世界との運命的もつれから内的に解放され、彼の自我機能の、世界とかかわる傾向におちいることももはやない。[……]

こうしてこの世界は、他者性の除去と彼の自己の強さにおいて、心のゆたかさと完成という目的のための手段となる」[11]。

「個性化」過程の目標である「自己」とは、「自分自身のなかに」閉鎖されたものであり、そこを目指す限り、他者や世界との関わりはもはや断ち切られてしまう。そして現実の世界はそのための手段にされてしまう、というのだ。トリュープは、「自己」概念の閉鎖性という大貫の指摘に加え、「個性化」を規範とすることによる現実世界の手段化に警鐘を鳴らすのである。

さらに、こうした批判のうちでも象徴的なものとして特に有名なのが、「対話」や「出会い」の思想家として知られるマルティン・ブーバー（Buber, Martin）によるユング批判である。1952年にドイツの雑誌に掲載されたブーバーの論文「宗教と現代的思惟」[12]にユングも応答したことで、誌上の論争にも発展したものである。

ここでブーバーは、現代の無神論的傾向を代表する思想家の一人にユングを挙げ、「個性化」とは「実存の中心を［「自己」へ］移し替えることによって存在者との関係を断ってしまう道」[13]にほかならないとの批判を展開した。ユングにおける他者は、「あくまで個人の心的内容として存在する」[14]ばかりで現実に向かい合うものではなく、「個性化」によって他者を含んだ「自己」に到達したところで、それは「依然として自分自身のうちに閉じこもった孤立した自己にすぎない」[15]というのである。これに対し、ユングがすぐに「ブーバーへの答え」と題する論文（1952）[16]で応戦しているものの、そこでは主に精神科医としての経験主義の立場の主張に終始し、この批判点に関する直接的な言及は無いに等しいものだった[17]。

以上の批判に共通しているのは、ユングの述べる「自己」とは「個性化」の主体たる個人の領域内のものであり、そのような「自己」の実現を目指す限りにおいて、「個性化」とはその個人の発展の過程にすぎず、そこにはいかなる外部性も含まれ得ないとする指摘である。

確かに、本節の冒頭に挙げた1928年のユングの定義などに照らして、一部のユングの著作に目を移すとき、ある文脈においては外部性の欠如に関する先のような批判を呼び込む点もあるだろう。しかし、ユングの「個性化」論における「個」の追求とは、そしてそこでの「現実性」や「世界」

「関係性」とは、そもそも上記の哲学的議論と同じ俎上に載せられうる類いのものだったのだろうか。

　ユングが「自己」と「自我」との質的な違いについて自覚的に繰り返し議論を尽くした意味を捉え損なうことなく、多面的に説明された「個性化」の諸相を理解するためには、ユングがどのような関心からその思想を構築したのかをより内的に把握していく必要がある。

1-3　「個別性」と「個人性」

　本書ではこれまで、『赤の書』というユング自身の「個別的」な物語への取り組みに着目し、ユングがその「個別性」を独立したものとして守り続けながら、心理学的理論の構築の過程で、自らの体験を含む、人それぞれの「個別性」というものをいかに位置づけようとしてきたかについて考察を重ねてきた。ここまで考えてきた「個別性」という言葉をあえて別の言葉に置き換えてみるならば、その人自身やその人の体験のみに特有のものとしての「固有性」、あるいは「それぞれであること」とでも述べることができると思われる。それでは、そのような意味での「個別性」は、ユングにおける「自我」や「自己」、あるいは「個性化」の概念とどのように関わっているのであろうか。

　「個性化（Individuation）」における「個性（Individualität）」の語は、語源に遡ると"Individuum"、すなわち「それ以上分割できないもの」を意味する。そうした一番小さな「個物」"Individuum"へ向かうこととしての"Individuation"をめぐっては、ユング以前にすでに中世スコラ哲学からショーペンハウアー（Schopenhauer, Arthur）に至る西洋哲学の系譜において、「個体化（個性化）の原理（principium individuationis）」(18)というテーマとして脈々と論じられてきたものであり、ユング自身、特にショーペンハウアーについて言及している箇所は全集中にも少なくない。

　この思想の流れもまさに「個」と「普遍」の関係を取り扱うものである。「個」や「普遍」の捉え方は論者によってまちまちであり、そこで戦わされた詳細な議論について立ち入ることはしないが、ある系譜について簡潔に述べるならば、そこでは「個」は「普遍」にとっての影のようなもの、あ

るいは「普遍」が形相を得たものとして説明されており、万物は「個」へと分化していく「個体化の原理」のもとに生じているが、より「真理」へと近づくためには分化した「個」であると思い込んでいるところから離れなければならないとされる。

　先の批判の議論に従えば、ユングにおける「個性化」が行き着く先は「個」であって、まさにそうした「真理」への道の逆をたどり、「個体化の原理」に落ち込む方向を勧めていることになる。しかしながら、ユング自身の言説に細かく目を向けると、そのような「個」に向かうことに彼ははっきりと否を突きつけている。「個体化の原理」については、ショーペンハウアーの名を引きながら「悪の源泉」[19]と説明し、そのような「個」とはあくまで「自我」であって、「インドの解釈で言う個的幻想にも通ずるような苦しみに満ちた」ものである[20]と述べるのだ。非常に複雑ではあるが、ユングの「個性化」において探求されるべきとされる「個」は、「個体化の原理」において生じる「個」とは厳密に区別されるものなのである。

　さて、こうした「個」に与えられる意味の複数性をめぐって、河合隼雄は、ユング心理学と仏教との内的連関について論ずる中で、個人主義と切り離された形での個性を「個別性 (eachness)」として、「個人性 (individuality)」と区別して論じ、前者を仏教、とりわけ華厳経の考え方と親和性の強いものと説明している[21]。

　この区別を援用すれば、先にユングが「悪」とした「個体化の原理」における「個」は、「自我」や「個人主義」に近い「個人性 (individuality)」ということになろう。これに対し、前者の「個別性 (eachness)」はこれまで本論で検討してきた「個別性」と同じものを表わしていると思われる。ユングが『赤の書』の経験を通して終始追求し続けてきた「個」とは、まさにこの「個別性」であった。「自我」にまつわる「個人性」ではなく、それぞれの人自身やその人の体験、あるいはそこに現われた夢やイメージの「個別性」を探求し、「普遍性」の次元にまで根差した「自己」を目指していく過程をこそ、ユングは「個性化」の過程と考えたのではないだろうか。

　本章の課題は、自分自身の「個別的」な世界としての『赤の書』への取り組みから距離を置き、「個別性」をいかに「普遍性」とつなげていくかと

いう問いに腐心したユングが、錬金術研究においてこの問題にどのような結論を導き出したかを探ることである。そこにおいて、「個別性」はいかなるものと考えられたのだろうか。

次節では、実際にその考察に入る前に、再度ウィリアム・ジェイムズに手がかりを求めたい。実は、「個別性」と「普遍性」に関するこの問いこそ、ジェイムズが自らに課した問題でもあった。彼は、最晩年の書『多元的宇宙』(1909)において、彼のプラグマティズムを支える世界観について「多」と「一」の問題として詳細に論じている。次節ではまず『多元的宇宙』の内容を確認することにしたい。

第2節 多元的宇宙

2-1 ジェイムズの『多元的宇宙』

死の1年前に出版されたジェイムズの『多元的宇宙』は、出版前年の1908年5月にイギリスのオックスフォード大学で行われた「哲学の現代的状況」という講義(Hibbert Lectures)の記録である。健康状態が定まらなかったことや、講義形式への躊躇から、当初は気の進まない招待だったものの、ジェイムズはその仕事の重要性を確信しており、大変な苦労の末、熱心に準備を行ったという[22]。

当時、絶対的観念論の牙城であったオックスフォードの聴衆を前に、彼が提示したのは、多元論の可能性であった。ジェイムズは、多元論こそ世界に対する「親密さ(intimacy)」[23]を育てるものであるとして、各個形(each-form)を奉ずる「多元論」「根本的経験論」を、全体形(all-form)を奉ずる「一元論」「絶対論の哲学」と対比させながら論を展開していくのである[24]。(ただしこの際、唯物論的思考や、絶対者を人間とは全く切り離されたものとして考える二元論は、あらかじめ問題の外に置かれている。)

ジェイムズによれば、この二つの立場はいずれも、かつて宗教において「神」と呼ばれていたものを、外的な創造者よりは内在的なものと捉え、人

間の生を「その深い実在（deep reality）の小断片」[25]と考える汎神論的なヴィジョンを持つものである。しかし一元論においては、その神的なものは「絶対者（the absolute）」として、歴史性を超え出た無時間的な性格を持つとされ、人間の日常の経験においてではなく、それが稀に絶対的全体性において経験される場合にしか、出会うことを許されない。ヘーゲル（Hegel, Georg Wilhelm Friedrich）の観念論が示した方法は、世界の多くの部分をうまく説明してはいるものの、「すべての矛盾を調停する唯一の全体」として上位の「絶対精神」を措定する限り、やはり個々の経験は統合された形に比べて低きものと見なされる[26]。確かに「絶対者」の概念は、有限性の混乱の内にあっても、その根底ではすべてうまくいっているという美しい確信を与える。しかし、「世界の最も深い実在」をそうした歴史性のない静的なものと捉える限り、「世界はわれわれの共感を遠ざけ、世界の魂をよそよそしいものにしてしまう」のだ[27]。「悪」などといった非合理あるいは不完全なものが「不名誉なもの（reproach）」として見なされるのも[28]、この一元論的思考の過程においてである。これに対して、多元論が重視するのは、一元論では低く置かれるところの「時間の中を直線状にのびている未完結の世界」[29]にほかならない。「絶対者」が神秘家の前にしか現れないのに対して、「目的、理由、動機、欲望や嫌悪の対象、われわれが感じる悲しみや喜びの根本のすべては、有限な多様性の世界の内にあり」[30]、現実として誰の手にも触れることのできるものであるとして、ジェイムズは以下のように述べる。

　　実在は配分的な形で存在するかもしれない。全体の形でではなく、それが見える通りの、各個の集合の形で。[31]

　このように仮定することにより、「個別的なもの、個人的なもの、不健全なもの」[32]の価値が認められ、「経験の最も小さな脈動の中にも、絶対者だけが持てると言われている、あのきわめて内的な複雑さが実現されている」[33]と見なされるのである。
　しかも、それによって「深い実在」の存在が否定されるわけではない。それらはまた、日常的な宗教的経験や心霊現象、人格分裂などの精神医学的

な病理において、歴史上常に直感されてきたものである。ジェイムズが述べたのは、そうした「より高いもの」を、すべてを包括する「絶対者」としてではなく、経験的な自我のように、やはりそれ自体の外部を持つものとして捉える必要であった。多元論において、「事物はさまざまなあり方において、お互いに『一緒に』いる。しかし、すべてのものを包み込むもの、あるいはすべてのものを支配するものはない」[34]というのである。個々の経験は、一方ではより高いものの一部であり、また一方では隣のものと「連続的に一体をなしている」が、経験されたそれらをどんなに多く集めても、「何か別のものが常に欠けていて、統一の中に入らないでいる」[35]。

それは確かに、一元論によって美しく描かれる、普遍的な全一性 (all-einheit) で過不足なくまとめ上げられた世界ではない。しかし、多元論の世界においては、どんなに極小の部分も、他との具体的な関係性において必ず結び合うがゆえに、すべてのものが可能的に結合しうる。「われわれの『多的世界 (multiverse)』は依然として『宇宙 (universe)』を形作っている」というのである[36]。

2-2　多神論的心理学

ジェイムズの『多元的宇宙』について、ユングが直接言及していないために、残念ながらこの著作に対するユング自身の意見を知ることは難しい。しかし、『多元的宇宙』の観点からユングの「自己」の概念に立ち返るとき、そこにはまず何が見えてくるだろうか。

絶対的一元論の神がそうであったように、「自己」という十全な概念を据える限り、こころのすべての現象は、「自己」よりは劣った、「自己」という理想を達成する途上にある断片と見なされるのだろうか。

ユング解釈においては、そうした静的な一元論のように、しばしば「自己」が教条的に捉えられ、「個性化」が「自己」へのリニアな過程として読まれていくことがある。たとえばノイマン（Neumann, Erich）の『意識の起源史 (Ursprungsgeschichte des Bewußtseins)』で「個性化」が元型の発達段階を通して論じられるとき、そこにはあたかも「自己」に至るまでの決められた道筋と、秩序化された階層構造が存在するかに見えるのだ。その図式によって「個性化」論のある特徴が描けるとしても、それではかつて心理学的一元論を

批判し、こころの多元的な現象に注目したユングの別の側面が見落とされてしまうように思われる。

　そうしたユングの読みに否を唱えたのが、ユング派における元型的心理学の提唱者、ヒルマン（Hillman, James）であった。彼はこの問題を、現代心理学の理論構成の根幹における「多神論か一神論か」の葛藤の問いとして引き受ける。そして、ユングに発する自らの心理学を「多神論的心理学（polytheistic psychology）」として、従来のユング解釈の相対化を試みるのである。

ヒルマンによる多神論的解釈

　以下に、1971年の論文「心理学——一神教か多神教か（Psychology: Monotheistic or Polytheistic?）」[37]を中心に彼の主張を確認していこう。

　ヒルマンによれば、「多か一か」という問いの響きそのものが、われわれがいかに「一」に向かう傾向に支配されているかを示している。

　「統一（unity）」や「統合（integration）」という概念は、「多数性（multiplicity）」や「多様性（diversity）」よりも発達しているという印象を与えている。神学において、一神論は多神論やアニミズムがより進化した高次の形態であるという説がまことしやかに論じられるのに対応して、ユング心理学ではしばしば、「自己」が「アニマ／アニムス（anima/animus）」などの元型に比べて上位に置かれ、他の元型は「自己」の前段階としか見なされなかった。

　ヒルマンは、こうした一神論的な見方に捉われた「個性化」の考え方に疑義を呈し、「個性化のモデルが一つしかないのだとしたら、本当の個性などというものがありうるだろうか」と問いかける。一神論的思考において、単一の秩序が目指される限り、「個々人の差異の多数性」は犠牲にされてしまう。しかし、ユングが『タイプ論』で示したように、「個性化」にはそうした多数性こそを重んじる「差異化」「特殊化」の側面があったはずである。心理学の対象は常に、多様性や現象的に不完全なものであった。解離など、こころの断片化を示す現代の病理は、「それ自体が多神論的な見直しを要求している」。階層的な段階を通して発達するという考えをいったん括弧に入れ、多様性を許容することによって、われわれは「成長しないこと、上昇しないこと、こころの要素の秩序のなさ」に寛容になることができる。ヒ

ルマンは、一神論的な思考のもとには劣ったものと見なされるようなこうした様態にも統一への過程と等しい価値を認め、現象それ自体を「それ自身の内へと深めること」の必要を説いたのである(38)。

そして注目すべきことに、この論文に対する10年後の追記の末尾に、彼は実にジェイムズの『多元的宇宙』を、半ば唐突に引き合いに出しながら以下のように述べている(39)。

> 個別性（eachness）。それこそ、私がジェイムズと――そしてユングと共有するところである。「……」ジェイムズにとって、個別性とは、個性化の過程を通して達成されるものではなく、すでにそこに、「それが見える通りに」存在するものなのである。(40)

ヒルマンは、ジェイムズの哲学が心霊研究という「病理」の探求にも関係していたことに言及する。ジェイムズは、完全とは言えないようなそれぞれの多様な心の現象を見つめる中にこそ、「直接的でみずみずしい」多数性と個別性を見出した。「病理」はまた、ユングが元型的な神々を発見した場所にほかならない。心理療法において個々の患者に向き合う際、まず具体的な「あるがままのもの」に耳を傾ける態度を、ヒルマンは両者の持つ「こころの多神論的モデル」のうちに共有するというのだ(41)。

以上に見られるヒルマンの試みは、「自己」の実現が強調されるあまりしばしば忘れられていた、「個性化」論の多元的側面に再度光を当てるものと言える。

こうして、ユングの記した事例もまた、フロイトにおけるエディプスの物語のような一つの筋を必ずしも持つものではなく、「色彩に富んでいるが本筋ではないような糸をたくさん拾っていく」ような「多様にして多彩」なものとして再提示されることになる。「個性化は多くの形を見せ、規定的な契機を持たず、いかなる終わりへも向かわないかもしれない」(42)。

ギーゲリッヒによる有限性と無限性の論点

ヒルマンのこうした議論を受け、元型的心理学をさらに批判的に展開し

たギーゲリッヒ（Giegerich, Wolfgang）もまた、心理学における多神論と一神論の問題について論じている。

彼は「歴史性」という観点を持ち込むことによって、多と一、差異化と統合という区別よりはむしろ、人間が「有限か無限か（finite or infinite）」という決断こそが心理学に問われていると主張する[43]。

ギーゲリッヒによれば、一神論の考え方は、歴史性を超え出た「永遠の」「無限の」神という上位の観点を想定することによって、あらゆる現象を摂理によって掌握し、人間を心理学的な有限性から解放してきたと言える。現代では、科学や国家などが「現実性へと変化した神」として君臨しているが、そこで得られる安心は、経験の新鮮さや直接性、独自の人間らしい尊厳と引き換えに手に入れられたものである。現代思想や深層心理学の勃興という出来事は、そうした「神」の観点の持つ「絶対性というファンタジー」からの「有限性への下降（descent）」にほかならない。そして、「われわれを絶えず刺激し、食い入り、高きにある一神論的地位を掘り崩し、それによってわれわれを心理学的多神論に駆り立てるのは、とりわけ精神病理学である」。なぜならそこで出会うものは、「完全に個人的な苦境、それ独自の顔を持つ苦境」であり、「前もって描かれた発達の経路の一『段階』や普遍的な問題の一『症例』、唯一神の一『側面』としてではなく」、「それ自身の深みへと運び、したがって自己充足的（self-sufficient）であるような」苦境と、常に向き合うことになるからである。したがって、「魂の現象学（phenomenology of the soul）」に基づいた心理学は、出来事を「神の計画」や「科学的に証明されている因果関係」の内容と仕立て上げることによって、現象自体から目を逸らす代わりに、「常に新たに立ちはだかるような具体的要求にのみ従う」ものであらねばならない。そのような意味で、ギーゲリッヒは「個人的な現象をある俯瞰的な図式（たとえばすべての発達心理学のそれ）のもとに包括するような、包含的な理論の高みから降りてくること、それぞれの個別性（eachness）における心理学的な現象に真心を込めて専心する謙虚さへと降りてくること」を重視するのだ。そして、あるやりとりの中に閉じ込められた原初の事柄が、「その中にそれが必要とするものすべてを含んでいる」という考えこそ、彼が他の著作においてユングや錬金術を

題材に論じてきたことだと述べるのである(44)。

　ヒルマンとギーゲリッヒが光を当てたユングの多元論的側面は、ほかならぬジェイムズの思想から受け止められたものだったはずである。彼らとジェイムズの議論に共通して強調されるのは、小さく、不完全でいびつにも見える現象それ自体のうちに、すでに達成された「個別性」を看取すること、それ自身を深めることの必要であった。小さな個のうちにすべての必要なものを見るとき、「個性化」の過程は時に解釈されるような直線上のものではなく、自己充足した循環的な過程として捉え直される。「個性化」で実現されるべき「自己」もまた、どこか遠く彼方にある、姿を現さない静的な「絶対者」としてではなく、個別の現象のうちに常にすでに可能的に存在するものとして、再解釈することが可能なのではないだろうか。

　本章に残された最後の課題は、ユングが「個別性」の問題をめぐってどのような結論を得たかについて、彼自身の言葉を求めることである。第4章第1節にて見たように、ユングはある時期を境に『赤の書』への取り組みから離れ、錬金術の研究へと熱中するようになる。その関心の転向の背後には『赤の書』のような唯一の体験の「個別性」を担保しながら、いかに「普遍性」への道を見出しうるかという問いが強く作用していたと言える。その問いへのユング自身の回答を解明すべく、次節にて彼の錬金術研究を追っていくことにしたい。

第3節
ユングの錬金術研究

3-1　錬金術との出会い

　ユングの『赤の書』の装飾作業は、1930年前後の錬金術との出会いをきっかけに終止符が打たれることになる。ユングは、それが自らにそれまで欠けていた歴史的な根拠を明らかにしてくれるものであるとして、錬金術との出会いを「決定的な体験」と振り返っている(45)。

これが、私の孤独が破られた最初の出来事であった。私は類似したものを感じた。ここから話を始めることができるに違いないと。[46]

ヴィルヘルムに送られた『黄金の華の秘密』を読んで以降、ユングは錬金術の古い書籍を熱心に買い集める。繰り返される表現や言い回しを書き出し、数千の語句から成る対応表を何冊もこしらえて研究を進めるのである。そのうちユングはあることに気づくようになる。

錬金術師たちの経験は私の経験したことであり、彼らの世界はある意味で私の世界であった。これはもちろん私にとって素晴らしい発見だった。それによって私は無意識の心理学への歴史的対応物を見出したのだから。[47]

『赤の書』の装飾に向かうユングの手を止め、彼を熱中させた錬金術における発見とは、いかなるものであったのだろうか。また、錬金術研究に従事する中で、『赤の書』の「個別性」はユングの中でどのように位置づけ直されたのであろうか。

1930年以降のユングの著作には、さまざまなところで錬金術の知識が用いられ、『心理学と錬金術』(1944)、『転移の心理学』(1946) など、錬金術が中心的なテーマとなった論文が複数存在する。ユングは『自伝』において、錬金術研究の集大成として特に晩年の著作『結合の神秘（*Mysterium Coniunctionis*）』(1955-56) を挙げ、「『結合の神秘』によって、ついに私の心理学は現実の中に決定的な居場所を得、全体として歴史的に基礎づけられた」[48]と述べている。そこで次項ではさしあたり『結合の神秘』におけるユングの議論を手がかりに絞って、先の論点について検討を進めていくこととする[49]。

3-2　錬金術における「個別性」と「普遍性」

ユングが錬金術のうちに見出した自らの心理学との共通点には、言うまでもなく『結合の神秘』の主軸である「対立物の結合」のテーマや、それに伴って描写される「メルクリウス（＝無意識／自己）の二重性」を含む

いくつかの重要なポイントがあるが、ここではユングの『赤の書』から錬金術へという動きについて検討するために、特に「個別性」と「普遍性」という観点に絞って考えていくことにする。

　結論を先取りすると、ユングは錬金術について調べていくうちに「個別性」に結びつく二重の「普遍性」、すなわち、第一に、錬金術師の〈作業〉の中にユング自身の「個別的」な試みの「普遍性」（形式としての普遍性）を、第二に、錬金術の世界観において「個別性」を突き詰めた先に示されたものとしての「普遍性」（内容としての普遍性）を見出したのではないかと思われる。以下にそれぞれ詳しく見ていこう。

〈作業〉の普遍性

　『結合の神秘』においてユングは、錬金術で行われた〈作業〉を「心理学的方法、すなわち能動的想像の等価物」[50]として分析する。

　錬金術師たちは、レトルトの中に結合すべき化学物質を封じ込め、そこに含まれる「逃げ足の早いメルクリウス」[51]が決して飛び去ることがないように用心しながら、容器内の細かな変化を毎日観察し続けた。この際、中世の錬金術師にとって、自分自身とレトルトの中の化合物は「素朴に前提とされており、一度として問題視されたことがないような奇妙な一体性」のうちにあった[52]。つまり、錬金術の〈作業〉は表面上〈賢者の石〉を作り出すことを目指したものであったが、そのプロセスは同時に〈作業〉を行う錬金術師自身の変容、すなわち霊と精神の結合、精神と肉体の結合、さらに自分自身と世界との結合を暗黙のうちに含むものだったのである。この特徴に加えてユングはさらに、メルクリウスが〈作業〉の最初に溶解されなければならない「第一質料（prima materia）」でありながら、〈作業〉の目標としての「最終生産物（ultima）」でもあること、言い換えれば、〈作業〉のはじめの段階からレトルトの中には、必要なものがすべてすでにそこに含まれている、とされていた点についても繰り返し言及している[53]。

　こうした錬金術の〈作業〉にユングは心理療法のプロセスそのものの姿を見出していく。意識と無意識との間の葛藤が顕著になって、危機的様相を呈するほどにまで夢やファンタジーのイメージが意識化されているよう

な場合、「能動的想像」が自発的に生じたり、あるいは心理療法の中で導入されたりする。「葛藤は真の解決を求め、対立を統一できる第三のものを要求している」[54]。こうした対立は、知性の論理では調停することができないものであり、非合理的なイメージによって「プロセス、つまりエネルギー的な経過」[55]として象徴的に体験されて初めて結合が可能となるのだ。

ここで材料となるイメージは、錬金術の第一質料が一見何の変哲もない素材であったように、「不意に差し出されたみすぼらしい」もの、「工事現場で道端に打ち捨てられた石のように」他人が見向きもしないほど取るに足らないものである[56]。しかし、それを毎日毎日観察していくうちに、「ただ観察しているという事実がそのイメージに生命を吹き込み、イメージが変化し始める」[57]。

そしてそこから「ファンタジーのつながりが生じ、次第に劇的な性質を帯びてくる、つまり単なる経過が物語の筋となってくる」[58]。それはまるで「劇場の舞台」[59]のようで、ともすれば観察者が単なる観客として傍観して楽しむだけですっかり満足してしまうということもしばしば容易に起こりうる。しかし、レトルト内に生じた「劇的な性質」について、16世紀の医師にして錬金術師のドルネウス（Dorneus, Gerardus）が次のように述べるとき、そこには全く別の態度が念頭に置かれている。

> 彼はその霊的な目で、神的照明の火花（scintillas divinae illustrationis）が徐々に日を追うごとに光を放つのを見ることになるだろう。[60]

「火花」が徐々に光を放つとは、ユングによれば、「自らのファンタジーを自分自身の身に起きている現実の心的過程として理解するということ」[61]にほかならない。「ある意味では関与することなく外側から見守っているにもかかわらず、彼はまた自ら行動し苦悩する魂のドラマの登場人物でもある」[62]というのだ。このようにファンタジーの展開に深く関わり、「自らそれに応答する」ことができたとき、「決定的な無意識との対決」が生じ、「意識的な個性化の開始の地歩が築かれる」というのである[63]。

以上のことを、ユングは次のような標語として述べている。

無意識をその最も卑近な形式の一つにおいて手に取れ。たとえばある自発的なファンタジー、ある夢、ある不合理な気分、ある激情、あるいはその類いのものを手に取れ。そしてそれに作業の手を加えよ。すなわち、その素材に特別な注意を注ぎ、そこに全神経を集中し、その変化を客観的に観察せよ。倦むことなく、この仕事に勤勉に取り組むことを義務とし、自発的なファンタジーがさらに変化してゆく様子を注意深くかつ入念に追い続けよ。その際、そのファンタジーに属さないものは何ものも外部から入り込まないよう特に用心せよ。なぜならファンタジー像は「その内にそれが必要とするものすべてを」備えているからである。[64]

　ユングが『赤の書』で行っていた取り組みを思い返すとき、『結合の神秘』におけるこれらの記述が彼自身の試みと大きく重なってくる。
　ユングは『赤の書』において、彼に危機として体験されたヴィジョンの世界に自ら入り込み、観察者として、そして同時にファンタジーの登場人物としてイメージを展開した。長年続いた「無意識との対決」で展開されたイメージは、あくまでも彼にのみ価値を持つ「個別」のものであり、そこに密封された世界はだからこそ彼の「魂の住処」となり得た。
　『結合の神秘』においてユングは、先ほどのような「能動的想像」の方法が心理療法の領域でもいまだ必ずしもうまくいくことばかりでないことに触れ、次のように述べている。

　私自身、この問題についてはまだわずかしか語らず、暗示するにとどめてきた。なにしろ軽率に扱うことのできない微妙な事柄であるからだ。私はこの方法をすでに30年前に私自身と他の人々とに試し始めたが、また次のように白状せざるをえない。確かに通用し非常に満足のいく結果をもたらしてはいるものの、同時にとても難しいものでもあると。[65]

　ファンタジーの中に自ら進んで巻き込まれるという、ある意味では「先

取り̇さ̇れ̇た̇精̇神̇病̇」⁽⁶⁶⁾を意味する危険を伴う行為をユングは身をもって体験しており、その体験の彼自身にとっての価値は明らかであった。しかし、『赤の書』は彼の「個別的」な体験であって、それを単に抽象的な言葉に置き換えて一般化するのでは意味がないこともまた自覚していた。1930年以降の錬金術研究を通して、ユングは中世の錬金術師が見守った変容の過程と自らの体験との符合に気づき、そうした取り組みの「普遍性」を見出す。ユングが錬金術の分析に乗せてイメージとの取り組みを語るとき、彼が『赤の書』に閉じ込めた「個別的」な世界は、歴史的な試みとしての「普遍性」とつながり、別の他者の「個別的」な取り組みをも結びつけることを可能にする理論的支柱を与えるものとして提示されたのである。

「一なる宇宙」の普遍性

　『結合の神秘』ではさらに、このような「普遍性」の問題が最後に直接取り上げられている箇所がある。それは「一なる宇宙（unus mundus）」という概念をめぐる考察である。

　多くの錬金術師にとって、〈作業〉の最終目標は言うまでもなく、レトルト内の対立物の結合、それによる〈賢者の石〉の製造であった。しかし、『結合の神秘』でユングが注目しているのは、「重要な例外」⁽⁶⁷⁾としてのドルネウスの議論である。

　ドルネウスにおいては、〈賢者の石〉の製造は「結合」の「第二段階」にすぎず、いまだもう一つの段階が残されているという。その最終段階とは、「『一なる宇宙』との結合」という第三の段階である。「一なる宇宙」とは、「すべての経験的な存在の永遠の究極的根源を意味するところの、一つの潜勢的な宇宙（potentielle Welt）」⁽⁶⁸⁾であるという。それは、われわれに経験される現実の世界とは違って、まだ何も現実化されていない、「ただ一なるものしか存在していなかった天地創造の第一日目の」世界⁽⁶⁹⁾である。この「一なる宇宙」と錬金術の業によって作り出された〈天〉とが結合するとき、〈作業〉が完成するというのである。ユングはこれを、東洋思想において「個人的なアートマンと超個人的なアートマンとの、あるいは個別的なタオと普遍的なタオとの関係または一致」⁽⁷⁰⁾によって示されているような神秘

的合一の状態に極めて近しいものと解釈する。

　ユングによれば、〈賢者の石〉あるいは〈天〉を作り出すというドルネウスの第二段階を心理学的に言えば、「自己（Selbst）」あるいは「心の全体性」の理念が象徴的に先取りされているにすぎず、それが実際に「現実化」されたとは言えない状態であるという。「奇跡の力を持つ〈賢者の石〉が一度として作り出されたことがないように、心の全体性も経験上は決して達成されることがない」。したがって、それを現実化させるべく「常に一番最初からやり直さなければならない」というのだ(71)。ドルネウスが第二段階の製造物を〈天〉という名で呼んだのは、そこで生み出される「人間の統一を、宇宙との間にも統一を生み出す可能性と見なしていた」からにほかならない(72)。つまり、第二段階の完成はすなわち第三段階への達成をも意味する。一つのレトルトの中で繰り返し目指される結合とはそれ自体すでに〈天〉であり、普遍的な「一なる宇宙」を内に含むものであるからだ。

　ユングはまた、ドルネウスの「一なる宇宙」の概念を解説する中に、少しずつ彼自身の考えを重ねている。観念や言語によっては二律背反的命題としてしか提示できない性質のものであるがゆえに証明することは原理的に不可能であると断りながらも、「経験的世界の多様性は経験的世界の統一を基盤として成立している」(73)、「われわれの経験的世界の背景は実際に『一なる宇宙』であるように思われる」(74)と述べるなど、われわれが経験する個々の多様な現実の背後にそれを統一するような普遍的な世界が存在するとの世界観を随所に示しているのである。

　『赤の書』で探求されたのは、ユング個人の「個別的」な世界であった。その「個別性」はユングにとって価値あるものであることが実感されていた一方で、それが世界に根拠を持たない、無限に「個別的」なものであるかもしれないことが彼を苦悩させてもいた。これに対し、ドルネウスが示した「一なる宇宙」は、レトルト内の「個別的」な世界を徹底した先に現われる〈天〉を通して結合しうる「普遍性」の世界であった。"「個別性」を突き詰めた先にこそ、「普遍性」とつながる糸口が生じる"。錬金術研究を通じてそのような世界観に出会うことで、ユングは『赤の書』の体験を「普遍性」へとつなげる可能性を見出したのではないかと考えられる。

以上、二つの観点から、ユングによって錬金術のうちに見出された二重の「普遍性」について検討してきた。第一に、身近にある「個別的」な素材に徹底して取り組むという試みが彼一人のものではなく「普遍的」に存在するということ、そして第二に、徹底された「個別性」は他の「個別性」すべてを可能的に包摂する「普遍性」へとつながること。ユングはここに「個別性」の「孤独」から抜け出す足がかりを獲得し、そうした彼の内面的な経過が、「個別性」のうちに「普遍性」を見出していく彼の心理学を打ち立てたのではないか。

第4節

「多元的宇宙」と「一なる宇宙」

　以上に見てきたジェイムズの「多元的宇宙」とユングの「一なる宇宙」が指しているものは、偶然とは思えないほどの一致点を示していると言えないだろうか。

　多元的でありながら、一つ（*universe*）としてのまとまりを持つ。「個別性」を突き詰めた先に、それらの「個」をまとめ上げる「一」が次元を違えて出現する。ジェイムズの思想のこのような特徴について、深澤は「ジェイムズにおいて多様と統一はレベルを異にしつつ輻輳していると考えるべき」であると述べる[75]。

　ユングが彼独自の心理学の歩みにおいて示した「自己」の概念は、「自我であると同時に非－自我、主観的かつ客観的、個別的かつ集合的」[76]と説明されるような、論理的に矛盾をはらむ概念である。そこにおいては、「多元的宇宙」における「多」と「一」と同様、「個別性」と「集合性」「普遍性」は決して背反のものではなく、異なる次元において同時成立するものだったのではないだろうか。そして、ユングとジェイムズはいずれも、「普遍性」とはどこか彼方に独立して存在するものではなく、「個別性」のうちにのみ見出しうる、すなわち、「普遍性」は「個別性」の中でしか、その姿を現わさないという考えを示しているのである。

本書では、ジェイムズ思想との連関においてユング心理学の理論を考察することにより、従来のユング解釈においてしばしば見落とされてきた彼の思想の多元的な原理に着目してきた。ユング自身の「個別的」な体験に発した彼の心理学が「普遍性」へとつながる道を模索していった動的な過程を、ここに照らし出すことができたように思う。

終　章

ここまで、ユングの構築した心理学をジェイムズの哲学に照らしてたどることにより、「個別性」と「普遍性」という観点からその思想の特徴を捉え直してきた。本章では、結びにかえて、まずはある小さな物語を取り上げてみることにしたい。

ガラスびんの中のばけもの

　ユングが錬金術研究において、特別な注意を払った中に、「メルクリウス（Mercurius）」という存在がある。「メルクリウス」とは、化学物質では、金属でありながら常温で唯一液体である水銀を意味し、錬金術においては「生ける銀」と呼ばれたものである。ユングによれば、「メルクリウスはまさしく無意識が人格化されたものであり、それゆえ本質的に《二重性》、背理的な二つの本性を持っている」[1]。

　ユングがこれを中心に扱ったものとして、「精霊メルクリウス（Der Geist Mercurius）」という題の論文が残されている。それは「神話、グノーシス、錬金術におけるヘルメスの原理」とのテーマで開催された1942年のエラノス会議での、2回にわたる講演をもとにしたものである。内容は、グリム童話「ガラスびんの中のばけもの（Der Geist im Glas）」の物語をきっかけに、第1部では物語の筋に沿って、第2部では錬金術のテキストを通して詳細に、錬金術におけるメルクリウスの特徴を探っていくというものであった。

　ユングは冒頭で、この作品について、「メルヘンらしく非常に生き生きしており、現代のわれわれにも手が届くようなヘルメス的神秘の核心と最深の意味をも含んでいる」[2]と述べ、あらすじを丁寧に紹介している。少しまとめることになるが、物語は次のようなものである[3]。

　　むかしむかし、貧しい木こりがいた。彼は、ひとり息子を学校で学ばせようと、朝から夜遅くまで働いた。息子はとてもよく勉強し、上の学校まで進んだが、そのうちわずかなお金が尽きてしまい、試験が終わらないうちに家に戻らなければならなくなった。そこで息子は家に帰り、父親を助けて森で働くことにした。昼休みの時間になると、彼は父親が止めるのも聞かず、鳥の巣を探して森の中を散歩に出かけ

た。そうしてあたりを歩いているうちに森の奥まで進み、五人でも抱えきれないほどの古い巨大な樫の木に行き着く。すると、突然、地面の下からごくかすかな声で、「出してくれ！　出してくれ！」と何かが呼んでいるのが聞こえる。若者が木の根元を掘ると、小さな洞穴の中にガラスのびんが見つかった。それを取り上げ、日の光に当ててみると、カエルのような形をしたものがぴょんぴょん跳ねていて、また叫び声を立てた。そこで彼がびんのふたを開けると、中からいきなりおばけが飛び出して、あっという間に樫の木の半分ほども大きい姿になった。おばけは恐い声で、「おれは力の強いメルクリウスだぞ。罰を受けて閉じ込められていたんだ。おれを外に出したやつの首をへしおってやる」と言う。若者は恐ろしくなったが、とっさに知恵を使って、「おまえが小さいびんの中にいたことを確かめなくちゃ。本当にびんの中に戻れるんなら、おまえを信じよう」と答えた。おばけが得意になって、もう一度びんの中へ入り込むと、若者はすばやくびんのふたを閉め、おばけを再び閉じ込めてしまった。おばけは情けない声で懇願し、もしもう一度外に出してくれるなら、一生不足しないだけのお礼をあげようと若者に約束する。若者が思いきってびんを開け、おばけを自由にすると、約束通り、おばけは彼に一枚の布きれを渡した。それは、　方の端で傷をこすれば、傷が治り、もう一方の端で鋼や鉄をこすれば、それが銀に変わるものであるという。若者がその布きれで斧をこすると、斧は本当に銀に変わり、彼はそれで四百ターラーのお金を得ることができた。そうして父親と息子は日々の心配から自由になり、若者はまた上の学校へ行き、勉強を続けた。そして、あの布きれでどんな傷でも治すことができたので、彼は後に世界で一番名高い医者になった。

　それでは、「精霊メルクリウス」におけるユング自身の解釈も踏まえながら、本書で扱ってきた観点から、この物語を読み込んでいくことにしたい。
　日々の生活のお金を得ること、体力を効率的に使うことを求める現実的な父親とは対照的に、この主人公は、与えられた状況に大きな疑問を抱く

ことなく、また計画性や打算もなく、思いのままに行動する。この素直な大胆さこそ、後の精神の冒険を引き寄せることになるわけだが、心理学的には「かなりの程度に無意識的」な「目覚めていない」様態[4]を示している。そして彼はこの日も、父親の制止も聞かず、「鳥の巣を探して」森の中に入っていく。

　他の多くのメルヘンと同様、「暗く、見通しの悪い場所としての森は、水の底や海のように、未知なもの、秘密に満ちたものの容器」[5]であり、「無意識」のアレゴリーである。その奥で、若者は際立った一本の木に行き当たる[6]。木は一方では人格を表現するものであるが、彼自身とは比べ物にならないほど大きく、樹齢を重ねた樫の木は、大地に深く根を広げており、その姿はひときわ印象的で力強い性格を表現している。その様は、無意識の深奥に行き着く「個性化過程の起源にして目標であるシンボルとしての自己の典型」であると言える[7]。

　この木が、若者にとっての重大な秘密を自らの根元に隠している。ガラスびんに閉じ込められたメルクリウスは、両生類であるカエルのような形をしており、そのことは、意識と無意識をつなぐものとしてのメルクリウスの二重性を強く示していると言える。声に誘われるままに若者がびんのふたを開けると、中から飛び出してきたメルクリウスは、あっという間に巨大な恐ろしい姿に変貌する。心の準備なく、不用意に解放された無意識の領域の力は、若者の「首をへしおる」ほどの圧倒的なものであり、彼を瞬時に飲み込みうる野放図の荒ぶるエネルギーそのものである。

　命の危機にさらされた主人公は、とっさに知恵を絞る。この知恵は、彼が父親の期待を受けて、学校で勤勉に勉強する中で、知らぬ間に磨かれたものであったろう。若者は機転によってメルクリウスを騙し、自らの手でガラスのびんに再度閉じ込める。

　ガラスびんという、密閉性が高く、内部の観察が可能な無色透明の容器は、明らかに「人間の手による工芸品」であり、「知的な計画性と作為性を意味している」[8]。「見通しのきくガラスは、固体となった水や固まった空気のようなもの」として「《精神》の同義語」であり[9]、この若者の知恵と内部を見通す力を象徴している。また、ユングによれば、このびんは「で

きる限り丸くなければならなかった。なぜならそれは、そこで大地が創り出されたところの宇宙を表現していなければならないからである」[10]。宇宙と同型のびんに閉じ込めるからこそ、密封されたメルクリウスの世界が一つの宇宙になるのだ。

　このガラスびんを通して、若者はメルクリウスと一対一で対峙する。錬金術師たちが密封されたレトルトの素材に特別な注意を注ぎ、そこに全神経を集中させ、観察者としてレトルトの外に立ちながらも、内部の変化をまさに自分自身の身に起きている事柄と同一視できて初めて〈作業〉が完成したように、若者がメルクリウスと全人格的に互角の対決をすることができたからこそ、その証として、メルクリウスからの駆け引きが持ち込まれるのである[11]。

　若者が思い切ってメルクリウスを自由にすると、それと引き換えに「一生不足しないだけのお礼」として、魔法の布を手に入れる。はじめは彼の命を奪いかねなかった凶暴な力が、今度は卑金属を銀に変え[12]、傷を治す力へと、つまらないもの・傷ついたものを素晴らしいものに変化させる、すべての人にとって役に立つ普遍の癒しの力へと変貌するのだ。

　また同時に、かつてはびんの中に隔離され、木の根元に捕囚されていたメルクリウスは、この解放により木という人格性への呪縛から自由になり、「超個人的自己」の性格を帯びることになる[13]。したがって、メルクリウスの解放と魔法の布とは、いずれも超個人性・普遍性の獲得という事態の別々の表現であると言えよう。

　こうして、冒険を終えた若者は、そこで得た宝物を手に現実世界へと戻ってくる。しかし、彼はその布で手当り次第に金属をこすって大金持ちになったり、お姫様を救って王位に就いたりと、今までと違う日常を迎えるわけではない。再度学校へと通うようになり、あたかも何事もなかったかのように淡々と以前の続きに戻るのだ。そのことは、彼の自我そのものが何らか直接の劇的な変化を遂げたわけではないことを示している。彼はあくまで魔法の布を手に入れたにすぎない。しかし、彼は今やその万能の力を掌中に収め、自らの意志でそれを誰よりも人の役に立てることができるのである。

ガラスびんと『赤の書』／ユング心理学

　ユングは、「このモチーフが意味するのは、無意識において準備され、ただ少しずつ意識に流入する個性化過程にほかならない」[14]と述べており、物語全体が第一にユングの論じる「個性化」の概念のきわめて顕著な例になっていると言える。

　しかしそもそも、この若者の物語には、他ならぬユング自身の道程が映し出されているとは言えないだろうか。物語におけるガラスのびんは、まさしくユングにとっての『赤の書』だったのではないか。

　知識や名声など、医師として考えうる現実的な目標をおよそ達成していたかに見えた40歳目前のユングは、1913年の秋、途方もないイメージの渦に見舞われる。その力はあまりに圧倒的で、それまで彼が築いてきたことのすべてを押し流してしまうほどであった。この奔流に棹さすべく、ユングがたどり着いた方途が『赤の書』である。体験を書き留めたノートから『赤の書』へとイメージを書き取っていく中で、そのファンタジーは次第に自律的な変化を遂げ、展開していくようになる。それらはもはやユングの存在を飲み込みかけた氾濫の渦ではなくなり、彼自身をも一つの役柄として登場させるようなイメージの遊戯へと変わっていくのだ。『赤の書』に取り組むことは、ガラスのびんをのぞき込むように、一方では正確な距離をとって変化の全体像を把握することであり、他方ではその透明なガラスの中に引き込まれて彼自身を絶えず関与させていくことであった。ユングはそのような秘密の舞台である『赤の書』を自分だけの「聖堂」とし、その私秘性を最後まで守り抜いたと言える。

　そして、ユング一人にとって価値があるにすぎなかったこの取り組みが、「第一質料」として働き、彼個人を越えて、心理学という普遍的な言語へと帰結することになるのである。

　本書で追ってきたユング心理学の構築における彼自身の志向性の変化もまた、ガラスびんの物語と正確に対応している。『赤の書』と同時期に深められた『タイプ論』においては、人にはそれぞれ「個人的方程式」というガラスびんが足元に埋められていること、そのガラスびんを見つけ出し、そこにある未分化なエネルギーと対決することが中心的な問題となっている。

しかし、『タイプ論』以降、錬金術と出会ってからのユングはむしろ、そうした個別的なガラスびんへの取り組みがいかにして魔法の布という普遍性へとつながりうるのかという問いの探求へと移行していったと言えよう。

そして、こうしたユングの探求が、決して孤独の中に進められたものではなかったことを忘れてはならない。『赤の書』という個別性の世界を突き詰める背中を押し、その後の心理学の構築においても、陰に日向に常に伴走者となっていたジェイムズという人物の存在があったのだ。

ジェイムズは、晩年の論文で次のようなことを述べている。

> 生命を持ったわれわれは、海における島々、あるいは森における木々のようなものである。カエデと松はそれぞれの葉を揺らして互いにささやき合い、コナニカットとニューポートの人々は、互いの汽笛を聞き合うことだろう。しかし、木々はまた、地下の暗闇の中で根を絡ませ、島々もまた、海の底ではひと続きになっているものである。それと同じように、宇宙的意識には連続性が存在し、われわれの個別性はその上にたまたま垣根を作っているにすぎず、何人かは母なる海や貯蔵庫に飛び込むように、その中へと身を投じ込むのである。(15)

ジェイムズが「個」や「多」の問題について論じるとき、そこには地下の暗闇で根を絡ませる木々が、海の底でひと続きになった島々が想定されていたのをユングが受け取っていたのなら、どの時期のユングの思想展開においても、ジェイムズの多元論哲学は変わらず通奏低音として鳴り響いていたと言えるのではないだろうか。『タイプ論』当初よりも、錬金術研究開始後のユングにおいてはジェイムズに対する直接の言及箇所は少なくなるが、むしろ思想はさらに接近していくようであり、それこそ、ユングがジェイムズの哲学を血肉化していた証とも考えられるだろう。

「個別性」の問題から〈臨床〉の課題へ

ここで以下に、本書の内容を駆け足でたどり直してみたい。

第Ⅰ部では、第1章から第3章にかけて、特に「個別性」という観点を

もとに、ユングが独自の心理学へと歩みを進めるまでの行程をジェイムズの『プラグマティズム』との関係からたどった。

　第1章では、ユング独自の心理学が成立する以前に時間を遡り、従来主にフロイトとの関係を通して解釈されてきたユングの生活史を、ジェイムズという存在を手がかりに再解釈することを試みた。第1節では、フロイトとの訣別を迎え、『赤の書』への取り組みを始める1913年までのユングの足取りを、彼の『自伝』を手がかりにして追った。フロイトとの別れを機に始まった彼の「方向喪失」、そしてそこからの復活という英雄的な物語は、これまで『自伝』の章立てに従ってなされてきたものであるが、第2節では、この物語を相対化する糸口として、シャムダサーニによる研究を取り上げた。そこでは、公刊された『自伝』では連続している「フロイト」に関する章と「方向喪失」の時期である「無意識との対決」の章の間に、フルールノワとジェイムズという二人の心理学者に関する章の存在が指摘されており、「方法論的前提条件を提供した」として、ことにジェイムズに対する学問的恩義が語られていたとされる。本論では、ジェイムズの存在を、ユングの「方向喪失」期における心的な同行者と見なし、彼の心理学の根本において重要な役割を担った人物であると捉えた。第3節では両者の一度限りの実際の出会いの場面を確認し、その後のユングの書簡等を紐解く中で、彼らの思想的類縁性を検討する本研究の試みの必然性を明らかにした。

　第2章では、ユングが独自の心理学へと歩み始めた最初の大著であり、ユング心理学の「鍵」とも言われる『タイプ論』をジェイムズの『プラグマティズム』との関連から考察した。第1節・第2節では、「方向喪失」期前後のユングの記述に見られる『プラグマティズム』への言及箇所に、ジェイムズの類型論に対するユングの評価を確認した。第3節では、ジェイムズの『プラグマティズム』を概観し、形而上学的な絶対的真理ではなく、「それを信じることで我々に善をもたらすもの」を真理とするという新たな真理観と、思想的対立を気質的相違に遡及することにより根本的解消を図る認識論とを抽出した。ユングがこれをどのように受容したかを第4節で確認した後、第5節にて、「個人的方程式」という術語を手がかりに、彼の

タイプ理論の根本的発想として埋め込まれている「プラグマティズム」の構造を明らかにした。

　第3章では、『タイプ論』と同時期に深められたものとしての『赤の書』の存在に着目し、ユングのジェイムズ理論に対する態度の微妙な変化を端緒に彼の思想的な深化を考察した。第1節では、『タイプ論』におけるジェイムズへの言及箇所に表明される疑義のうちに、彼のタイプ理論の質的変容の片鱗を見出した。第2節では、『赤の書』に描かれたユング自身のイメージにおいて、対立する二原理がどのように体験されたかを確認した。そこでは、二原理は根底では一つであるものとして示され、それゆえに、対立する原理もまた自らの内部に存在するものとされた。こうした内的体験を経た後のタイプ理論の質的な変容を具体的に考察したのが第3節である。そこでは、『タイプ論』第5章における文学作品『プロメテウスとエピメテウス』の解釈に、ユングの以前のタイプ理論には見られなかった「対立物の結合」のテーマが読み取れることを示した。第4節では、『タイプ論』と『赤の書』という同時期の取り組みがいずれもユング自身の「私」の神話をめぐる探求であったと解釈し、この探求こそが「個別性」の心理学としてのユング心理学の端緒となったと考えた。

　第II部では、第4章・第5章を通して、その後のユングの心理学的展開を「個別性から普遍性へ」の動きと捉え、ジェイムズの他の著作との関連を踏まえて、その思想の深まりを考察した。

　第4章では、ユングがたびたび言及するジェイムズのもう一つの著作である『宗教的経験の諸相』を取り上げ、「個別性」と「普遍性」の問題をめぐる両者の実存的な取り組みを考察した。第1節では、ユングが1930年を境に『赤の書』から遠ざかり、錬金術研究へと向かうようになったという事実に着目し、『赤の書』および『タイプ論』以降のユングが、個々の「個別性」を担保しながら、いかに「普遍的」な次元へとつながる道を見出しうるかという問いと向き合うようになったことを指摘した。第2節では、その途上で言及されることになるジェイムズの『諸相』の内容と、その方法論を検討したうえで、それらに対するユングによる評価を確認した。第3節では、ユングの宗教論のうちに、超越的なものと出会う個人の経験に着

目した両者の思想における共通項を確認し、その内容と、二人の生活史上の類縁性を検討した。第4節では、彼らの理論がいずれも自分自身の経験を一つの事例として忍ばせ、それらの個別性を普遍性へと編み上げるような方法論を模索したものであったことを指摘した。

最終章の第5章では、ユングの錬金術研究とジェイムズ晩年の著作『多元的宇宙』を手がかりに、ユングが「個別性」と「普遍性」の問題にどのような着地点を見出したかを考察した。第1節では、「個別性」がユングにおいていかなる意味を持つものであったのかを改めて整理するべく、ユングの「個性化」論および「個性化」論への評価の整理を行った。そして、「個性化」において含意されている「個」を「個人性」とは区別される形での「個別性」として位置づけた。第2節では、ジェイムズの『多元的宇宙』を取り上げ、ユング心理学における「個別性」と「普遍性」の問題を改めて検討する手がかりとした。『多元的宇宙』に示されたのは、小さく、不完全な個別的な経験の中に真理を求める態度であった。ヒルマンとギーゲリッヒは、従来のユング解釈において忘れられてきた、「個性化」論の多元的側面に注目し、「個別性」という心理学的な現象それ自体を深めることの必要を説いており、ユングとジェイムズ両者の世界観に共通項を見ている。さらにユング本人の言説をたどるべく、第3節では、ユングの錬金術研究の集大成と言える『結合の神秘』の分析を通して、ユングが錬金術のうちに「個別性」に結びつく二重の「普遍性」、第一に、錬金術師の〈作業〉の中にユング自身の「個別的」な試みの「普遍性」（形式としての普遍性）を、第二に、錬金術の世界観において「個別性」を突き詰めた先に示されたものとしての「普遍性」（内容としての普遍性）を見出したことを示した。こうした錬金術研究を通して、ユングもまたジェイムズが『多元的宇宙』において展開した"「個別性」を突き詰めた先にこそ「普遍性」とつながる糸口が生じる"という世界観に出会っており、そこにユングは『赤の書』という「個別的」な体験を「普遍性」へとつなげる可能性を見たものと考えられた。

本書では、以上の一連の分析によって考察を重ねてきた。ジェイムズという人物とその多元論哲学から照らし出したからこそ、初めてユング心理

学における「個別性」の問題が浮き彫りになったものと思われる。

　そして、この問題はまさに、臨床心理学の先駆者としてのユング自身の努力の跡であり、個々の事例の探求がいかに普遍的な知へと結びつくかという〈臨床〉の問題を考えるうえで、一つの理論的裏づけを与えてくれるのではないだろうか。メルクリウスの物語において、ガラスびんが一つの宇宙を形作っていたように、面接室で行われるセッション、そこに持ち込まれるエピソードやイメージがそれぞれに宇宙を形作っており、そこで深められる徹底的な「個別性」はそのうちにすでに「普遍性」を含んでいる——このような視点が、個々のケースと向き合う際の、またそれを〈知〉へと昇華させようとする際の大きな指針となると思われる。本書で検討してきたことを、今度は〈臨床〉の問題として引き受け、具体的な個々のケースを捉える際にいかに応用しうるかを考えていくことを今後の発展的課題としたい。

　ジェイムズとの邂逅を果たした後のユングが、まさに『赤の書』に引き込まれ、全人格をかけて格闘していた時期から100年の年月が経とうとしている。この1世紀の間に、ユング思想の解釈はすでにひと通り出尽くしたかのようでもある。しかし、2009年の『赤の書』の出版を機に、ユング自身、そして彼の思想に対して新たな観点からアプローチしていく必要性が出てきたと言える。ユングの生前、葛藤の中でついに出版に踏み切られることのなかった『赤の書』を現代のわれわれが受け取る際には、『赤の書』をユングの著作の一つとして既存の解釈に還元していくのではなく、積み重ねられてきた読み方にユング自身の葛藤を投げかけるものとして、慎重に取り扱っていくことが求められよう。そこで生じる問いに対しては、本書で取り上げた「個別性」の問題に限らず、多岐にわたる観点からの詳細な検討が必要とされる。今後、さらに研究が進み、新たなユング像が結ばれていく中で、本書の試みがそのささやかな一歩となるよう願っている。

註

◆はじめに

1 Jung, C.G. (1937a): "Psychologische Determinanten des menschlichen Verhaltens," *Gesammelte Werke*, Bd.8, Olten: Walter-Verlag, 1967, §262.
2 河合隼雄「事例研究の意義と問題点 —— 臨床心理学の立場から」『臨床心理事例研究』第3号、1976年、10頁。
3 同書、10頁。
4 中村雄二郎『臨床の知とは何か』岩波書店、1992年。
5 たとえば、矢野は〈臨床の知〉の把捉困難性について次のように述べている。「『臨床の知』とは、それ自体にパラドキシカルなところがあり、定義することの不可能性と可能性、あるいは語ることの不可能性と可能性に直面する知の在り方である」(矢野智司「臨床の知が生まれるとき」、矢野智司・桑原知子編『臨床の知 —— 臨床心理学と教育人間学からの問い』創元社、2010年、4頁)。

◆序章

1 Jung, C.G. (2009): *The Red Book: Liber Novus*, S. Shamdasani (ed.), New York: W.W. Norton, 2009, fol.ii(r). = 河合俊雄監訳『赤の書』創元社、2010年、238頁。
2 Jung, C.G. (1928): "Die Beziehungen zwischen dem Ich und dem Unbewußten," *Gesammelte Werke*, Bd.7, Olten: Walter-Verlag, 1981, §266.
3 河合俊雄「ユング再考 —— 没後50周年を記念して」『こころの科学』第161号、日本評論社、2011年、6-10頁。ただし近年では、北米と西ヨーロッパでの展開は停滞しており、むしろラテンアメリカ、東アジア、東ヨーロッパでの勢いが顕著になってきているという。河合はこの理由を、これらの地域には「前近代のこころ」が残っており、そこにユング心理学の根底に流れる死者との交流といった前近代的なこころや世界観が呼応することに見ている。また、ユング没後のユング心理学の二つの大きな流れ、発達論および精神分析と合流したロンドン学派と元型の個々のイメージを重視する元型的心理学をそれぞれ率いた、マリオ・ヤコービ (Jacoby, Mario) とジェイムズ・ヒルマン (Hillman,

James）が2011年に相次いで亡くなったことを受けて、ユング研究における「一つの時代が終わったことを実感させられる」と述べている。

4 公刊された『赤の書』の編者であるシャムダサーニは、この点について以下のように述べている。「今回の出版によって、一次資料を基盤として、そこでは何が起こっていたのかを厳密に検討し、ユングの後の業績の起源と構成をしっかりと把握できるポジションに今やっと立つことができるのだ。1世紀近くの間、そのような読み込みは完全に不可能だった。つまり、この間に提示されてきたユングの人生と業績に関する膨大な文献は、まさに最も重要な記録から成る原典に当たることなく書かれたものだったからだ」（Shamdasani, S. (2009): "Liber Novus: The 'Red Book' of C.G. Jung," *The Red Book. Liber Novus*, p.221. ＝河合俊雄監訳「新たなる書── C・G・ユングの『赤の書』」『赤の書』創元社、2010年、230頁）。

5 Jung, 2009, fol.i(v). ＝2010年、237頁。

6 Shamdasani, 2009, p.200. ＝2010年、203頁。

7 Jung, C.G./Jaffé, A. (1962): *Erinnerungen, Träume, Gedanken*, Olten: Walter-Verlag, 1971, S.203. ＝ *Memories, Dreams, Reflections*, R. & C. Winston (trans.), New York: Vintage, 1965, p.199. 傍点は筆者。「第一質料」はドイツ語版では "Urstoff"、英訳版では "prima materia"。

8 1930年に『赤の書』への取り組みを終えたことについて、ユングは1959年につけた「エピローグ」において次のように述べている。「私はこの本に16年間にわたって取り組んだ。1930年に錬金術と出会ったことが、私をこの本から遠ざけた。終わりの訪れは1928年にやって来た。そのときヴィルヘルムが、錬金術的な性格の小冊子『黄金の華』のテキストを私に送ってくれたのである。その本の内容に現実への道筋を見出し、私はもはやこの本に再び取り組むことができなくなった」（Jung, 2009, p.190. ＝2010年、405頁）。

9 Shamdasani, 2009, p.215. ＝2010年、222頁。

10 シャムダサーニによれば、ユングの晩年、『赤の書』に書かれた内容を出版する方法が何度か模索されたという。1942年には、『赤の書』のヴィジョンのいわば続編であり、2009年に公刊された『赤の書』に「試練（Prüfungen）」として収録された『死者への七つの説教（*Septem Sermones ad Mortuos*）』（詳細については本章註14を参照）にユング自身が何らかの素材を付け加えて出版したい旨を書簡に記しているが、1944年に襲われた心臓発作のためにこの計画は頓挫した。1952年に提案された伝記の企画も3年後に断念され、1956年から取り

組まれた『ユング自伝』のためのヤッフェによるインタビューでは、ユング自身が『赤の書』について論じたが、述べたことすべてが書き取られることはなかった。また、ユングはヤッフェが『ユング自伝』において『赤の書』と『黒の書』から引用することを認めたが、結局は引用されなかった（*ibid.*, pp.220-221. ＝同書、229-230頁）。上記の伝記の詳しい経緯については、Shamdasani, S. (2005): *Jung Stripped Bare by His Biographers, Even*, London: Karnac, pp.9-45. ＝河合俊雄監訳『ユング伝記のフィクションと真相』創元社、2011年、25-83頁を参照。

11　Dirda, M. (2009): "Book World: Michael Dirda reviews 'The Red Book' by Carl Gustav Jung," *The Washington Post*, Thursday, November 12, 2009.

12　シャムダサーニの調査によれば、1914年11月、ユングはニーチェの『ツァラトゥストラ』を入念に読み返しており、後に「その時突然に霊が私をとらえ、私がツァラトゥストラを読んでいた砂漠の国へと連れて行った」と回顧しているという。『赤の書』はその形式面においても、『ツァラトゥストラ』に似て、短い章立てで構成されている。ただし、シャムダサーニは、ツァラトゥストラが神の死を宣言するのに対して、『赤の書』は魂における神の再生を描いていると指摘している（Shamdasani, 2009, p.202. ＝2010年、206頁）。

13　*ibid.*, p.207. ＝同書、211頁。

14　『ユング自伝』によれば、ユングは1916年の夏、ほとんど自動書記のように、たった3晩で『死者への七つの説教』を記した（Jung/Jaffé, 1962, SS.193-194）。それは7章の詩的な文章からなり、「アレクサンドリアのバシリデス」が書いた古文書という体裁で、キリスト教徒の死者たちに向けて、人間が原初の全体性から個別化していくさまを説教していくというものであり、『ユング自伝』にはすでに付録として収録されていた。なお、ユングは後に、この本を書いたことについて「若気の至り」と表現している（Jung, C.G. (1952a): "Eine Antwort auf Martin Buber," *Gesammelte Werke*, Bd.18/II, Olten: Walter-Verlag, 1981, §1501）。

15　フィレモンは、1913年から1914年のはじめまでにユングが見た夢に出てきた人物像である（Shamdasani, 2009, pp.200-201. ＝2010年、204頁）。この夢は『ユング自伝』で次のように語られている。「青い空だった。しかし海のようにも見えた。空は、雲ではなく褐色の土くれに覆われていた。それはまるで、その土くれがバラバラに砕かれ、その合間から青い海の水が現れ出んとしているかのようだった。しかし、水はやはり青い空なのである。突然、右手の方から、翼を持った生き物がこちらの方に飛んできた。それは雄牛の角を持つ老

人だった。彼は四つの鍵のついた束を携えており、そのうちの一つを、まさに錠を開けようとでもしているように握っていた。彼には翼があったが、それは独特の色を持つカワセミの羽のようだった。私にはこの夢のイメージが理解できなかったので、より具体的に示せるように絵に描くことにした」。ユングにとってフィレモンは、彼に「卓越した洞察」を示し、「こころの客観性」を教える存在だった（Jung/Jaffé, 1962, SS.186-187）。

16　1925年のセミナーで、ユングは『赤の書』におけるヴィジョンを振り返って、次のように語っている。「こうして、私は初めてこころの客観性について学びました。これで初めて私は患者にこう言えるわけです。「静かに！　ほら、何か起こっていますよ」と。家の中のネズミのようなものが確かに存在するのです」(Jung, C.G. (1925): *Analytical Psychology: Notes of the Seminar Given in 1925*, W. McGuire (ed.), Princeton, NJ: Princeton University Press, 1989, p.95)。

17　Stein, M. (2010): "Critical notice: *The Red Book*," *Journal of Analytical Psychology*, 55, p.423.

18　*ibid.*, p.429.　この点をめぐって、ユングの「個性化」論にしばしば指摘される「他者性」の欠如の問題については、第5章にて取り上げることにする。

19　*ibid.*, pp.429-430.　なお、ユングにおける悪の問題について、日本では、宮下聡子『ユングにおける悪と宗教的倫理』教文館、2009年が詳しく扱っている。

20　Stein, 2010, p.432.

21　Henderson, R.S. (2010): "The Search for the Lost Soul: An 'Enterview' with Murray Stein about C.G. Jung's *The Red Book*," *Jung Journal: Culture & Psyche*, 4 (4), pp.92-101 および Stein, M. (2012): "How to read The Red Book and Why," *Journal of Analytical Psychology*, 57, pp.280-298.

22　Brutsche, P. (2011): "The Red Book in the Context of Jung's Paintings," *Jung Journal: Culture & Psyche*, 5 (3), pp.8-24.

23　Gaillard, C. (2012): "The egg, the vessels and the words. From Izdubar to *Answer to Job*: For an imaging thinking," A. Conrade (trans.), *Journal of Analytical Psychology*, 57, pp.299-334.

24　Meredith-Owen, W. (2011): "Jung's shadow: Negation and Narcissism of the Self," *Journal of Analytical Psychology*, 56, pp.674-691.

25　Bishop, P. (2012): "Jung's *Red Book* and its relation to aspects of German idealism," *Journal of Analytical Psychology*, 57, pp.335-363.

26　Kirsch, T. (2012): "Jung and His Relationship to Judaism," *Jung Journal: Culture & Psyche*, 6 (1), pp.10-20.

27　Kawai, T. (2012): "*The Red Book* from a pre-modern perspective: The position of the ego, sacrifice and the dead," *Journal of Analytical Psychology*, 57, pp.378-389. 『赤の書』に関する河合の論考は、他に、河合俊雄「ユング『赤の書』の意味と時代性」『新潮』2010年7月号、新潮社、254-255頁。

28　Hunt, H.T. (2012): "A collective unconscious reconsidered: Jung's archetypal imagination in the light of contemporary psychology and social science," *Journal of Analytical Psychology*, 57, pp.76-98.

29　Slattery, D.P. (2011): "Thirteen Ways of Looking at *The Red Book*," *Jung Journal: Culture & Psyche*, 5(3), pp.128-144.

30　Stein, M. (2011): "What is *The Red Book* for analytical psychology?," *Journal of Analytical Psychology*, 56, pp.590-606.　スタインは論文の終わりに、自らがはじめに立てた問いへの応答として、ユングは結局『赤の書』から心理学への翻訳作業を完遂したとは言えないが、だからこそ『赤の書』は「生きている象徴」として作用しうるのであり、これを現代の分析心理学の理論と実践に翻訳していく作業こそが今後の課題であると述べている（*ibid.*, pp.603-604）。

31　Bright, G. (2012): "Clinical implications of *The Red Book: Liber Novus*," *Journal of Analytical Psychology*, 57, pp.469-476.

32　MacKenna, C. (2012): "What implications does *The Red Book* have for my clinical practice?," *Journal of Analytical Psychology*, 57, pp.477-482.

33　Shamdasani, 2009, p.221. ＝2010年、229頁。

34　*ibid.*, p.216. ＝2010年、223-224頁。

35　Jung, 2009, fol.i(v). ＝2010年、237頁。また、それに続く箇所では次のように述べている。「道は唯一つしかない。それはあなたたち一人ひとりの道である。あなたたちは道を探しているのか？　私の道に関して警告しておく。この道はあなたたちには間違った道かもしれない。みな自分の道を行きなさい」（*ibid.*, fol.ii(r). ＝同書、237-238頁）。

36　Giegerich, W. (2010): "*Liber Novus*, That Is, The New Bible: A First Analysis of C.G. Jung's *Red Book*," *Spring: A Journal of Archetype and Culture*, 83, pp.361-411.

37　*ibid.*, p.362.

38　Jung, 2009, fol.i(v). ＝2010年、235頁。

39　*ibid.*, fol.i(v). ＝同書、237頁。

40　シャムダサーニによれば、1957年10月12日、ユングはヤッフェに、『赤の書』は決して完成していないと語ったという（Shamdasani, 2009, p.221. ＝2010年、229頁）。装飾自体、本への書き写しは文章の途中で打ち切られており、1959年に

加えられたエピローグも、文の途中で書きやめられている。
41　Giegerich, 2010, p.362.
42　Shamdasani, 2009, p.216.
43　Giegerich, 2010, p.363.
44　*ibid.*, p.364.　傍点は原文イタリック。
45　『赤の書』に書かれた取り組みが「芸術」なのかという論点は、ユング自身が体験したという内的な声との会話のエピソードに由来している。ユングは『黒の書2』にこのときのことを次のように記録している。「『私のやっているこれは何なんだ。確かにこれは科学ではない。では一体何なのか』と私は自問してみた。その時、ある声が『それは芸術です』と私に言った。ある種ひどく不思議な印象が私を襲った。というのも、私が書き記していることが芸術だと思ったことなどいっさいなかったからだ。［……］それで、私はその声に対して非常にきっぱりと、自分がしていることは芸術ではないと告げたのだが、自分の中に大きな抵抗が生まれるのを感じた」（Shamdasani, 2009, p.199. ＝2010年、202頁）。
46　Giegerich, 2010, p.365.　傍点は原文イタリック。
47　*ibid.*, p.374.
48　Jung/Jaffé, 1962, SS.191-192.
49　シャムダサーニは、この点について次のように述べている。「注目すべき重要な点は、『赤の書』とユングによる学術的著作との関係は、直線的で逐語的な翻訳や推敲とはまったく異なっていたということである。［……］『赤の書』と『黒の書』は、彼の公的で学術的な著作と並行し、かつそれに劣ることなくなされた私的な作業を体現したものとみなすべきだろう。学術的著作が『赤の書』によって養分を与えられ抽出されたものでありながら、両者は別個のものであり続けた」（Shamdasani, 2009, p.220. ＝2010年、229頁、一部改訳）。
50　Jung, C.G. (1921): *Psychologische Typen*, *Gesammelte Werke*, Bd.6, Olten: Walter-Verlag, 1971, §672. ＝林道義訳『タイプ論』みすず書房、1987年、440頁（一部改訳）。
51　Jung, C.G. (1916): "Die Struktur des Unbewußten," *Gesammelte Werke*, Bd.7, Olten: Walter-Verlag, 1971, §482.
52　*ibid.*, §483.
53　Shamdasani, S. (1995): "Memories, Dreams, Omissions," *Spring: An Annual of Archetypal Psychology and Jungian Thought*, 57, Spring Publications.　この詳しい内容については、第1章にて検討を行う。

◆第1章

1　Jung, C.G. (2009): *The Red Book: Liber Novus*, S. Shamdasani (ed.), New York: W.W. Norton, 2009, fol.ii(r). ＝河合俊雄監訳『赤の書』創元社、2010年、239頁。

2　Shamdasani, S. (1995): "Memories, Dreams, Omissions," *Spring: An Annual of Archetypal Psychology and Jungian Thought*, 57, Spring Publications, p.121.

3　Jung, 2009, fol.ii(r). ＝2010年、238頁。

4　ユングは、ブルクヘルツリでの数年間を自らの「修業時代」(Jung, C.G./Jaffé, A. (1962): *Erinnerungen, Träume, Gedanken*. Olten: Walter-Verlag, 1971, S.121. ＝河合隼雄・藤縄昭・出井淑子訳『ユング自伝――思い出、夢、思想』1、みすず書房、1972年、169頁）と振り返っている。「ブルクヘルツリでの仕事のおかげで、生活はもっぱら現実的様相――意図、意識、義務、責任――を呈してきた。それは世間という僧院への入口であり、ありそうな平均的な陳腐な意味の乏しいものだけを信じ、風変わりで有意義なものはすべて拒絶し、並はずれたものを平凡なものに化すという誓いに従うことであった。［……］6ヶ月間、私は病院の生活と精神とに慣れるために自分を僧院の壁の中に封じ込め、精神医学的心性に精通しようとして、『精神医学総合雑誌』50巻を最初から通読した。私は人間の心が自らの崩壊を目にした時、いったいどのように反応するものかを知りたかったのである」(*ibid.*, SS.119-120. ＝同書、167頁）。

5　この成果は大陸を隔てた米国にまで広まり、これがきっかけで、後に述べるクラーク大学への招聘が実現することになる。

6　1909年には病院を辞職し、個人開業に転換している。

7　Jung/Jaffé, 1962, S.153. ＝1972年、215頁（一部改訳）。

8　1909年4月16日付のフロイトからユングへの書簡。Freud, S./Jung, C.G. (1974): *Briefwechsel*, W. McGuire und W. Sauerländer (ed.), Frankfurt am Main: S. Fischer, 1984, S.105.

9　「それを話すとき、彼の調子はしつっこく気がかりな様子となり、普段の批判的、懐疑的態度は消え失せた。顔面には奇妙な動揺した表情がうかがわれ、そのわけを理解しかねて私は途方にくれた。性欲は彼にとって一種のヌミノースムであると私は直感した」(Jung/Jaffé, 1962, S.154. ＝1972年、216-217頁）。

10　*ibid.*, 1962, S.174.

11　ただし、シャムダサーニによれば、内的なファンタジーに取り組む一方で、ユングは治療実践も続けており、1913年と1914年の間には、週5日で1日1～9件の面接、平均して5～7件の面接を行っていたほか、毎年の兵役義務も果た

していたという。シャムダサーニは「この間、彼は日中の自らの職業的な活動や家庭での責務をこなしつつ、夜の時間を自らの自己探求に捧げていたのである。資料を見る限り、このような活動の区分はこの後数年間続いたものと思われる」と述べている（Shamdasani, S. (2009): "Liber Novus: The 'Red Book' of C.G. Jung," *The Red Book: Liber Novus*, S. Shamdasani (ed.), New York: W.W. Norton, p.201. ＝河合俊雄監訳「新たなる書――Ｃ・Ｇ・ユングの『赤の書』」『赤の書』創元社、2010年、204頁）。

12　Shamdasani, 1995, p.112.

13　ユングはしばしば「私を含む、すべての心理学は主観的な告白の性質を持つ」（Jung, C.G. (1929a): "Der Gegensatz Freud und Jung," *Gesammelte Werke*, Bd.4, Olten: Walter-Verlag, 1961, §774）といった発言をしていたというが、ユングの分析を受けていたヘンダーソンは当時のことを振り返って、「彼の心理学が科学的に妥当なものであって、創始者の特質からは独立したものであると信じたかったし、実際信じる必要があった」と告白している（Henderson, J.L. (1994): "Reflections on the History and Practice of Jungian Analysis," *Jungian Analysis*, M. Stein (ed.), La Salle, IL: Open Court, pp.10-11）。

14　Jung, C.G. (1925): *Analytical Psychology: Notes of the Seminar Given in 1925*, W. McGuire (ed.), Princeton, NJ: Princeton University Press, 1989, pp.32-33.　また1953年2月、ユングはアンリ・フルールノワ（Flournoy, Henri）に対し、書簡にて以下のように書き送っている。「私は常に自伝というものを避けてきました。人は決して真実を打ち明けるということができないからです。人が正直であるとか、正直であると思い込んでいるのは、幻想か悪趣味でしかありません。［……］私個人的には、そういう風変わりな経験、いわゆる人生について、長編小説や詩を書くことには、全く気が進みません。生きたというだけで十分です！」（1953年2月12日付の書簡）（Jung, C.G. (1972): *Briefe*, zweiter Band 1946-1955, A. Jaffé (ed.), Olten: Walter-Verlag, S.322）。したがって、シャムダサーニに言わせれば、そもそもユングの『自伝』に真実を見ようとする試み自体、実は「とてつもない禁忌」を犯していることになる（Shamdasani, 1995, p.113）。

15　Jaffé, A. (1971): "Einleitung von Aniela Jaffé," Jung, C.G., *Erinnerungen, Träume, Gedanken*, Olten: Walter Verlag, S.1. シャムダサーニの発見したインタビューによれば、1937年にユングの分析を受け、後に秘書となったヤッフェは、ユング晩年の私信においてかなりの分量の代筆を行っていたという。1955年に妻のエマ・ユング（Jung, Emma）が逝去してからというもの、手紙の返信に気が進まなくなっ

たユングに代わって、ヤッフェはユングの名で多くの手紙に答えた。ユングはそれに対し、いくつか小さな訂正を加えただけであったというのである。当時の手紙が、どの程度この方式で書かれたかは定かではないとしても、ユングがヤッフェに対し全幅の信頼を置いていたことは明らかである。同時期の『自伝』を理解するうえで、晩年のユングの仕事へのヤッフェの多大な関与は、見逃せない事実である（Shamdasani, 1995, p.117）。また、ヤッフェは別のインタビューにおいても、自伝をめぐるユングとの当時の仕事を回想している（Wagner, S. (1992): "Remembering Jung: Through the Eyes of Aniela Jaffé," *Psychological Perspectives*, 26, Los Angeles, CA: C.G. Jung Institute of Los Angeles, pp.108-111）。

16　Shamdasani, 1995, pp.118-119.

17　上山は、フロイトと訣別するにあたり、ユングにとってフロイトに代わる役割を果たしたのが、フロイトより2歳年長のフルールノワであったとし、彼が「ユングの分析心理学にとって、フロイトに次いで影響の大きかった精神医学者であった」と述べている。そして、ユングの学位論文がフルールノワの『インドから火星へ』に大いに触発されており、またユングが『リビドーの変容と象徴』を記すにあたってフルールノワの患者ミス・ミラーのファンタジーを分析するなど、ユングはフロイトにはなかった超心理学や宗教心理学の側面をフルールノワと共有することができたと指摘している（上山安敏『フロイトとユング ―― 精神分析運動とヨーロッパ知識社会』岩波書店、2007年、382-385頁）。本研究では表立って扱うことはしないが、ユングのフルールノワからの影響についても改めて検討していく必要があるだろう。

18　Shamdasani, 1995, p.122 および Shamdasani, S. (2003): *Jung and the Making of Modern Psychology*, Cambridge: Cambridge University Press, pp.57-61.

19　シャムダサーニはこのことについて次のように述べている。「こうして『自伝』は、フロイト心理学から解放された後の、勇敢な下降と自己生成というユング神話を促進する」（Shamdasani, 1995, pp.121-122）。

20　Jung/Jaffé, 1962, S.163. ＝1972年、228-229頁（一部改訳）。

21　*ibid.*, SS.163-166. ＝同書、229-233頁。

22　*ibid.*, SS.162-163. ＝同書、228頁。

23　Jung, C.G. (1911-12): *Wandlungen und Symbole der Libido*, München: Deutscher Taschenbuch Verlag, 2001, SS.31-32.

24　ユングは連想実験と児童心理学からの一事例に関して講演を行った（Jung, C.G. (1910): "Über Konflikte der kindlichen Seele," *Gesammelte Werke*, Bd.17, Olten: Walter-Verlag,

1954)。このとき、「ユングと出会った誰もが、その人格の力強い雰囲気に印象づけられた」という（Henderson, 1994, p.10）。

25　注目すべきことに、このアメリカ心霊研究協会にはユングも入会している（上山、2007年、484頁）。

26　Taylor, E. (1980): "William James and C.G. Jung," *Spring: An Annual of Archetypal Psychology and Jungian Thought*, 20, Spring Publications, p.157. ジェイムズの異常心理研究については、Taylor, E. (1983): *William James on Exceptional Mental States: The 1896 Lowell Lectures*, New York: Scribner に詳しい。なお、『心理学原理』前後における、ジェイムズの心理学に対する距離の取り方の変化については、藤波尚美『ウィリアム・ジェームズと心理学――現代心理学の源流』勁草書房、2009年、133-181頁を参照のこと。

27　Jung, 1972, S.158. ユングにはこれがクラーク大学の資金集めに奔走し、ジェイムズの仕事を過小評価しているホールへの皮肉な返答と見えた。この後、ジェイムズはたくさん弁解をして、もう一方のポケットから今度は本物の論文を出したという。

28　Taylor, 1980, p.161.

29　ジェイムズは"Yung"と誤記している。

30　James, W. (1920): *The Letters of William James*, H. James (ed.), London: Longmans, Green, II, p.327. ユングへの好印象とは対照的に、これに続いてジェイムズは、フロイトについて批判的なコメントをしている。「フロイト一派は、人間の本質に光を投げかけるのには失敗しませんでしたが、私個人的には、彼が固定観念に取りつかれた男であるという印象を受けたということを告白せねばなりません。私自身の事例は、彼の夢理論をものともしませんが、明らかに『象徴化』は最も危険な方法です。会議の新聞報道に、フロイトがアメリカの宗教的セラピーを、あまりに『非科学的』なので大変『危険だ』と非難したとありました。馬鹿な！」（*ibid.*, p.328）。

31　1949年7月23日付のペイン（Payne, Virginia）宛の書簡（Jung, 1972, SS.157-160）。彼女は、アメリカ、ウィスコンシン大学の学生で、1909年のクラーク大学での心理学会議に関する博士論文を書くにあたって、ユングに当時を回想してもらうよう手紙を送っていた。

32　1958年6月17日付のヴォルフ（Wolff, Kurt）への書簡（Jung, C.G. (1973): *Briefe, dritter Band 1956-1961*, A. Jaffé (ed.), Olten: Walter-Verlag, S.194）。

33　Jung, C.G. (1937a): "Psychologische Determinanten des menschlichen Verhaltens," *Gesammelte*

Werke, Bd.8, Olten: Walter-Verlag, 1967, §262.

34　Shamdasani, 2003, pp.58-61.
35　ユングは、ジェイムズが実証科学の態度を形容するために『プラグマティズム』で用いた「〜でしかない（nothing but）」（James, W. (1907): *Pragmatism: A New Name for Some Old Ways of Thinking*, Rockville, MD: ARC Manor, 2008, p.16）というフレーズをドイツ語の"nicht als"に置き換え、好んで用いた。また、ジェイムズの「科学という情熱は信心深い」という一文もしばしば引用していると指摘されている（Taylor, 1980, p.165）。
36　ibid., pp.163-166.
37　ibid., p.167.
38　Homans, P. (1979): *Jung in Context: Modernity and the Making of a Psychology*, Chicago: University of Chicago Press, p.82.
39　林道義『ユング思想の真髄』朝日新聞社、1998年、35頁。
40　林道義「解説」、ユング『タイプ論』みすず書房、1987年、628頁。

◆第2章

1　Jung, C.G. (2009): *The Red Book: Liber Novus*, S. Shamdasani (ed.), New York: W.W. Norton, 2009, p.354. ＝河合俊雄監訳『赤の書』創元社、2010年、397頁。
2　ユングの参照している『プラグマティズム』は1911年出版の英語版（*Pragmatism: A New Name for Some Old Ways of Thinking*, London & New York, 1911）である。
3　Jung, C.G. (1912): "Versuch einer Darstellung der psychoanalytischen Theorie," *Gesammelte Werke*, Bd.4, Olten: Walter-Verlag, 1961, S.110.
4　Jung, C.G. (1914): "Der Inhalt der Psychose," *Gesammelte Werke*, Bd.3, Olten: Walter-Verlag, 1960, §212.
5　Jung, C.G. (1908): "Der Inhalt der Psychose," *Schriften zur angewandten Seelenkunde*, Drittes Heft, S. Freud (ed.), Leipzig und Wien: Franz Deuticke, SS.1-26.
6　Taylor, E. (1980): "William James and C.G. Jung," *Spring: An Annual of Archetypal Psychology and Jungian Thought*, 20, Spring Publications, p.164.
7　Shamdasani, S. (2003): *Jung and the Making of Modern Psychology*, Cambridge: Cambridge University Press, p.61.
8　Jung, C.G. (1913): "Zur Frage der Psychologischen Typen," *Gesammelte Werke*, Bd.6, Olten: Walter-Verlag, 1971, §863.
9　Jung, C.G./Jaffé, A. (1962): *Erinnerungen, Träume, Gedanken*, Olten: Walter-Verlag, 1971,

S.157.
10 *ibid.*, S.211.
11 ユングは、「無意識の心理学について（Über die Psychologie des Unbewußten）」（1917）という論文においても、フロイトとアドラーの学説の違いをもとにタイプの問題を論じている。本章註44にも示すように、この論文の根本的な考え方は「心理的諸タイプ」の講演に近く、『タイプ論』に現れる質的変化は見て取りづらい。
12 印刷物としては10ページあまりの小論ではあるものの、『タイプ論』の基本的発想が、すでに本論において示唆されているのは明らかと言える。
13 Jung, 1913, §§864-869.
14 Homans, P. (1979): *Jung in Context: Modernity and the Making of a Psychology*, Chicago: University of Chicago Press, p.81.
15 プラグマティズム運動は、1910年代から20年代にかけて上昇の気運を示したが、30年代に入ると、1929年に起きた大恐慌と、ヨーロッパにおけるナチズムの台頭により、大きな壁に突き当たらざるを得なかった（上山春平「プラグマティズムの哲学」、上山春平編『世界の名著48　パース・ジェイムズ・デューイ』中央公論社、1968年、17頁）。
16 上山は、「アメリカの現代哲学としてのプラグマティズムに、ヨーロッパの現代哲学としての実存主義、マルクス主義、分析哲学という三つの顔に対応する三つの顔が識別される」と指摘し、「ジェイムズ、デューイ、パースによって代表されるこの三つの顔が、それぞれ、主体性（ないし宗教性）、社会性（政治性）、論理性（科学性）の契機を代表する点で、実存主義、マルクス主義、分析哲学に対応する」と述べている（同書、46頁）。
17 カイザーリンク（Keyserling, Hermann）が、*La Révolution mondiale*において、アメリカのプラグマティズムを「根っから非宗教的」なものと「烙印を押している」のに対し、ユングは「彼がウィリアム・ジェイムズのことは指していないといいのだが！」と述べている（Jung, C.G. (1934a): "Ein neues Buch von Keyserling *La Révolution mondiale et la responsibilité de l'esprit*," *Gesammelte Werke*, Bd.10, Olten: Walter-Verlag, 1974, §942）。
18 ジェイムズと、彼より3歳年長のパースは、大学の学友であり、青年時代から晩年まで友好関係が続いた。世渡り下手で人好きのしないパースをジェイムズはいつも気にかけ、才能にあふれながら学界にポストのないパースのために、大学の仕事を回そうと奮闘したことも多々あったという。二人の関係

および「形而上学クラブ」のメンバーの詳細に関しては、Perry, R.B. (1935): *The Thought and Character of William James: As Revealed in Unpublished Correspondence and Notes, Together with His Published Writings*, Boston: Little, Brown および Simon, L. (1998): *Genuine Reality: A Life of William James*, New York: Harcourt Brace, pp.147-148 を参照のこと。

19　Peirce, C.S. (1877a): "How to make our ideas clear," *Collected Papers of Charles Sanders Peirce*, Vol.5, C. Hartshorne & P. Weiss (ed.), Cambridge: Harvard University Press, 1998, p.402. ＝ 上山春平訳「概念を明晰にする方法」、上山春平編『世界の名著48　パース・ジェイムズ・デューイ』中央公論社、1968年、89頁。

20　若きパースは、3年以上の間、毎日2時間にわたって『純粋理性批判』を読み続け、とうとうすべて暗記するまでになったという（Peirce, C.S. (1931): "Principles of philosophy," *Collected Papers of Charles Sanders Peirce*, Vol.1, C. Hartshorne & P. Weiss (ed.), Cambridge: Harvard University Press, p.15）。

21　カントは、『純粋理性批判』において、「私は、幸福という動因に基づく実践的（praktisch）法則を実用的（pragmatisch）法則（怜悧の法則）と名づける、これに反して幸福に値いするということだけを動因とするような実践的法則を道徳的（moralisch）法則と名づける」と述べる。「第一の法則は、我々が幸福を得ようと欲するならば、我々は何をなすべきかということを勧告する、これに反して第二の法則は、我々が幸福に値いするためには、我々はいかに身を処すべきかということを命令する」。カントによれば、「実用的法則」は経験によって知られた幸福の原理を基礎とするのに対し、「道徳的法則」は欲求を満足させる自然的手段とは無関係に、純粋理性の理念によってア・プリオリに認識されうる原理に基づいている、という（Kant, I. (1781): "Kritik der reinen Vernunft," *Immanuel Kant Werke*, Bd.2a, Wiesbaden: Insel-Verlag, 1956, SS.677-678. ＝ 篠田英雄訳『純粋理性批判』下、岩波書店、1962年、99頁）。訳者の篠田は、用語解説において、「実践的」が「しばしば〈道徳的〉の意味に用いられる」と説明している（篠田英雄訳「索引」、同書、76頁）。

22　Peirce, C.S. (1905): "What Pragmatism is," *Collected Papers of Charles Sanders Peirce*, Vol.5, C. Hartshorne & P. Weiss (ed.), Cambridge: Harvard University Press, 1998, p.274. ＝ 山下正男訳「プラグマティズムとは何か」、上山春平編『世界の名著48　パース・ジェイムズ・デューイ』中央公論社、1968年、221-222頁。

23　ここでパースは、「概念の明晰化」という論理学における第一命題に取り組むにあたって、「推論」すなわち「疑念からの信念の確立」を行う際の思考過程を以下の四つの方法に分類している。①「固執の方法」（自己中心的）、②「権

威の方法」（集団中心的）、③「先天的方法」（思弁的普遍性）、④「科学の方法」（経験的普遍性）、の四つである。パースは、④の「科学の方法」をとることによって、近代哲学が依ってきた①〜③の思考方法を克服し、「真なる結論」を導き出すことができると考えた。この分類では、カントもまた③の「先天的方法」にあたる（Peirce, C.S. (1877b): "The Fixation of Belief," *Collected Papers of Charles Sanders Peirce*, Vol.5, C. Hartshorne & P. Weiss (ed.), Cambridge: Harvard University Press, 1998, pp.239-241）。

24　この講演は「哲学の概念と実際的結果（Philosophical Conceptions and Practical Results）」と題され、1904年に哲学雑誌に掲載された。

25　James, W. (1904): "Philosophical Conceptions and Practical Results," *Pragmatism*, Cambridge: Harvard University Press, 1975, p.258.

26　パースは、流布するようになった「プラグマティズム」と自分の立場を区別して「プラグマティシズム」なる概念を新たに提唱している。「他のプラグマティストたちの書いた書物を精読することによって、わたしは大いに啓発されたけれども、なおわたしが最初にいだいたプラグマティズムの概念が、決定的な優位性をもちつづけていることをわたしは確信する」（Peirce, 1905, p.277. ＝1968年、225-226頁）。

27　Perry, 1935, ii pp.406-440；鶴見俊輔『アメリカ哲学 ── プラグマティズムをどう解釈し発展させるか』社会思想社、1971年、22-48頁；上山、1968年、7-48頁を参照のこと。

28　1906年11月から12月にかけてのボストンのロウエル学会、および1907年1月のニューヨーク、コロンビア大学での講義。講義で述べた通りに印刷されており、加筆・修正はなされていないという（James, W. (1907): *Pragmatism: A New Name for Some Old Ways of Thinking*, Rockville, MD: ARC Manor, 2008, p.9）。

29　*ibid.*, p.12. ＝桝田啓三郎訳『プラグマティズム』岩波書店、1957年、9頁。

30　魚津郁夫『プラグマティズムの思想』筑摩書房、2006年、13頁。

31　James, 1907, p.41. ＝1957年、66頁。

32　*ibid.*, p.87. ＝同書、147頁。傍点は原文イタリック。

33　「プラグマティックな方法は元来、これなくしてはいつはてるとも知れないであろう形而上学上の論争を解決する一つの方法なのである。世界は一であるか多であるか？ ── 宿命的なものであるか自由なものであるか？ ── 物質的か精神的か？ ── これらはどちらも世界に当て嵌るかもしれぬしまた当て嵌らぬかもしれぬ観念であって、かかる観念に関する論争は果てることがない」

(*ibid.*, p.27. = 同書、38頁)。

34　西垣通「インターネット時代に倫理を問う」、ジェイムズ『根本的経験論』桝田啓三郎・加藤茂訳、白水社、1998年、272頁。

35　魚津、2006年、145-146頁。

36　James, 1907, p.12. = 1957年、11頁。

37　*ibid.*, p.14. = 同書、15頁。

38　*ibid.*, p.12. = 同書、12頁。

39　Jung, 1913, §864.

40　*ibid.*, §869.

41　*ibid.*, §864.

42　*ibid.*, §§865-866.

43　*ibid.*, §§867-868.

44　『タイプ論』序論において、ユングはこの点について以下のように述べている。「私はここで分類したこの区別を以前に発表した心理的タイプに関する二つの報告においては明確にすることができず、思考型と内向型とを、また感情型と外向型とを同一視してしまった。問題をさらに深く考察してみると、この混同は支持できないことが明らかとなった」(Jung, C.G. (1921): *Psychologische Typen, Gesammelte Werke*, Bd.6, Olten: Walter-Verlag, 1971, §7. = 林道義訳『タイプ論』みすず書房、1987年、13頁)。原注によれば、上の「二つの報告」とは、「心理的諸タイプ」と『無意識の心理学』(*GW* 7) を指している。

45　「たとえば独断的、宗教的、観念論的、主知主義的、合理主義的な経験主義者もいれば、その反対に唯物論的、悲観的、決定論的、非宗教的な理念主義者もいる」(*ibid.*, §538)。

46　*ibid.*, §§538-539.

47　*ibid.*, §§539-540.

48　*ibid.*, §4.

49　もちろん、パースペクティブの問題は、この同時代においてジェイムズばかりが提唱したものではない。キリスト教道徳の盲目的受容を拒否し（そこにはカント、ルター批判が含まれる）、伝統的道徳性を唾棄して、遠近法主義を説いた、ニーチェの『善悪の彼岸』は有名である。ただし、シャムダサーニによれば、「ユングがニーチェを熱心に読んでいるのに対し、ジェイムズがニーチェの仕事を取り上げることはなかった」という (Shamdasani, 2003, p.59)。

50　林、1987年、628頁。

51 天文学におけるこの概念の展開の詳細については、Boring, E.G. (1950): *A History of Experimental Psychology*, New York: Appleton-Century-Crofts, pp.134-153; Duncombe, R.L. (1945): "Personal Equation in Astronomy," *Popular Astronomy*, Vol.53, SectionI, pp.2-13; Schaffer, S. (1988): "Astronomers Mark Time: Discipline and the Personal Equation," *Science in Context*, 2(1), pp.115-145; Mollon, J.D. & Perkins, A.J. (1996): "Errors of Judgement at Greenwich in 1796," *Nature*, 380, pp.101-102; Wertheimer, M. (1970): *A Brief History of Psychology*, New York: Holt, Rinehart and Winston, pp.45-47; 今田恵『心理学史』岩波書店、1962年、151-152頁を参照。

52 当時広く受け入れられていた観測法は、マスケリンの前任者であるブラッドリー（Bradley, James）が導入した「目耳法（eye and ear method）」と呼ばれる方法であった。望遠鏡の視域を焦点板上の平行な十字線によって分割しておき、観測者は耳で1/10秒を刻む時計の音を聞きながら、特定の星が特定の線の上を通過する時刻を計測する。目と耳を同時に使うというだけでなく、動体の移動のその都度の位置を空間的に瞬時に判断しなければならないという複雑な方法であったにもかかわらず、この観測法は2/10秒の誤差までの正確さで計測できるものと考えられていた。それゆえ、キンネブルックの8/10秒の遅れはマスケリンには看過し得ないものだった（Boring, 1950, p.135）。

53 *Zeitschrift für Astronomie* に掲載された Von Lindenau の論文（1816）がマスケリンの報告について言及していた。

54 『タイプ論』の邦訳を行った林は、その訳注において、後のユングの論文「母元型の心理学的諸側面（Die psychologischen Aspekte des Mutterarchetypus）」（1941）における使用を参照しながら、ユングが"persönliche Gleichung"の語を用いるときには、この量子力学における相補性の問題が念頭に置かれていると述べている（ユング『タイプ論』第1章、林道義訳、みすず書房、1987年、607頁、訳注3）。また、「母元型の心理学的諸側面」を所収した『元型論』の訳注には次のように書かれている。「本来は天文学の用語であるが、ユングはここでは『極微の』と言っていることから見ても、現代物理学、とくに素粒子論を念頭に置いているものと思われる」（ユング『元型論』第IV章、林道義訳、紀伊國屋書店、1999年、441頁、訳注4）。

55 たとえば、ユング『変容の象徴——精神分裂病の前駆症状』野村美紀子訳、筑摩書房、1992年では「個人方程式」（上、12頁）、ユング『赤の書』河合俊雄監訳、創元社、2011年の編者序文では同じ箇所の引用が「個人的方程式」（200頁）と訳されている。

56　Jung, 1921, §§8-10.
57　*ibid.*, §10. ＝1987年、17頁。
58　*ibid.*, §§825-828.
59　Jung, C.G. (1936a): "Psychologische Typologie," *Gesammelte Werke*, Bd.6, Olten: Walter-Verlag, 1961, §970.
60　*ibid.*, §986.
61　ユングの転移論の詳細とその強調点の変遷については、拙論「C・G・ユング「個性化」論における他者性の問題 ―― ユングの転移論による検討」『東京大学大学院教育学研究科紀要』第47号、東京大学大学院教育学研究科、2008年 a、12-14頁を参照のこと。
62　Jung, C.G. (1929b): "Die Probleme der modernen Psychotherapie," *Gesammelte Werke*, Bd.16, Olten: Walter-Verlag, 1979, §163.
63　Jung, C.G. (1935): *Analytical Psychology: Its Theory and Practice. The Tavistock Lectures*, London: Routledge & Kegan Paul, 1968, p.167.
64　Jung, 1921, §970.

◆第3章

1　Jung, C.G. (2009): *The Red Book: Liber Novus*, S. Shamdasani (ed.), New York: W.W. Norton, 2009, fol.vi(r). ＝河合俊雄監訳『赤の書』創元社、2010年、259頁。
2　流行性の百日咳で隔離されていた期間に、ユングは凄まじいペースでこの著作の原稿を口述し、最初の583ページをたった6週間で完成させた。G・キスペルの報告によれば、ユングは後にオランダの詩人ホルスト（Horst, Roland）に対して、『タイプ論』は『赤の書』の30ページ分に含まれる内容をもとにして書いたものにほかならないと告白したという（Hoeller, S.A. (1982): *The Gnostic Jung and the Seven Sermons to the Dead*, Wheaton, IL: Quest Books, p.6）。
3　Jung, C.G. (1925): *Analytical Psychology: Notes of the Seminar Given in 1925*, W. McGuire (ed.), Princeton, NJ: Princeton University Press, 1989, p.34.
4　1921年の『タイプ論』成立に際して、本論では焦点化することのないもう一つの流れ、ユングが同時期に持っていた「外の体験」の重要性もまた見逃すことはできないだろう。本章註3の引用文中では、「経験的な素材はすべて患者から得たもの」と述べられているが、患者が提供したもののほかに、チューリッヒの「心理学クラブ」の存在が果たした役割も少なくなかったようである。

心理学クラブは、ユングの分析を受けたエディス・ロックフェラー・マコーミック（McCormick, Edith Rockefeller）からの36万スイスフランの寄付によって1916年にチューリッヒに設立された。建物の中には、宿泊施設や、ユングも時に使用したという診察室、図書館が完備されており、2週に1度セミナーが開催されたり、パーティーが行われたりするなど、ユングの患者や彼の考えに共感する人々が集うサロン的な役割を果たしていたという。ユングは当時、難しい転移のケースをいくつも抱えており、患者たちが社会に適応できるようになること、また同じような状況を抱えた人々と交流する場を持つことをクラブの目的として考えていた。また、彼にとっては、一対一の分析の限界を克服できるような、集団的心理学の観察の場としての意味も持っていたのである。
　シャムダサーニは、ユングのタイプ理論が元の「外向」「内向」という二類型から、「思考」「感情」「感覚」「直観」の四つの心理学的機能の議論にまで拡張された理由について次のように述べている。「ユングが類型論を発展させ、またタイプの異なる人々同士の相互関係について理解を進めていくのに際して、心理学クラブが彼の人間観察の主戦場の一つとなったと考えるのが合理的だろう」（Shamdasani, S. (1998): *Cult Fictions: C.G. Jung and the Founding of Analytical Psychology*, London & New York: Routledge, pp.20-27）。
　こうした「外の体験」がユングに及ぼした影響に関する検討も今後の大きな課題であるが、本論では、『赤の書』と『タイプ論』の、ユング個人における内的連関を探ることを目的とし、主に「内の体験」について検討していくことにする。なお、心理学クラブについては、Hannah, B. (1976): *C.G. Jung: His Life and Work, A Biographical Memoir*, New York: Perigree も参照のこと。

5　Jung, C.G. (1921): *Psychologische Typen, Gesammelte Werke*, Bd.6, Olten: Walter-Verlag, 1971, §541.
6　*ibid.*, §541.
7　*ibid.*, §541.
8　1925年のセミナーで、ユングは以下のように語っている。「エリヤが常にサロメと共にいると語ったときは、彼がそんなことを言うなんてほとんど冒涜的であると思いました。残酷で血塗られた雰囲気の中に飛び込んだような気分になったのです」（Jung, 1925, p.93）。
9　Jung, 2009, fol.v(v). ＝2010年、256-257頁。
10　本文では二つの原理をエリヤとサロメと直接明示してはいないが、『赤の書』

編者の脚注によれば、『赤の書』草稿には「したがって先に考える者は、私にはエリヤとして、預言者として現れ、快楽はサロメとして現れた」との一文が存在したという（Shamdasani, S. (2009): "Liber Novus: The 'Red Book' of C.G. Jung," *The Red Book: Liber Novus*, S. Shamdasani (ed.), New York: W.W. Norton, p.247, note 170. ＝河合俊雄監訳「新たなる書 ── C・G・ユングの『赤の書』」『赤の書』創元社、2010年、258頁、訳注169）。

11　Jung, 2009, fol.v(v). ＝2010年、259頁。

12　Jung, 1921, §7.

13　Jung, 2009, fol.v(v). ＝2010年、259頁。

14　*ibid.*, fol.vi(r)-vii(r). ＝同書、260-268頁。もっとも、このイメージは目指すべきヴィジョンとして見えたにすぎず、これがすでに彼の中で内的に達成されたことを意味するのではない。「第一の書」は次の文で締めくくられる。「私はこれから何を生きればよいかを、密儀はイメージで示した。私は、密儀の示したあの富の数々を何ひとつ有してはいなくて、まだそれら全てをこれから獲得せねばならなかったのである」（*ibid.*, fol.vii(r). ＝同書、268頁）。

15　*ibid.*, fol.vii(r). ＝同書、266頁。

16　ユングは1925年のセミナーで次のように述べている。「対立物のペアを誤りとして捉えてはなりません。それは生命の根源と捉えるべきものです」（Jung, 1925, p.78）。

17　Jung, 1921, §275.

18　シュピッテラーは、1845年4月24日にスイス西北端のバーゼル地方に生まれている。『プロメテウスとエピメテウス』は、当時高等中学下級の教師であったシュピッテラーが著した初の大作であり、カール・フェリックス・タンデム（Carl Felix Tandem）という筆名で出版されたが、1881年の初版当初は全く注目されなかったという。シュピッテラーより1歳年長で、同じくバーゼルを活動の拠点としていたニーチェとは、文通において互いを高く評価し合っていた。ニーチェの最後の著作『この人を見よ（*Ecce homo*）』を、当時すでに発狂していたニーチェはごく少数の人にのみ献本したというが、シュピッテラーはその献本を受けた一人であった。シュピッテラーの作品は難解なことで知られるが、ロマン・ロランらから熱狂的な支持を受け、1919年にはノーベル文学賞を贈られている（高橋健二「人と作品」『ノーベル賞文学全集3　ギェレルプ・ポントビダン・シュピッテラー』主婦の友社、1977年、394-398頁を参照）。人類の未来のために奉仕しようとするプロメテウスの像を描いた『プロメテ

ウスとエピメテウス』が、1883年から書かれ始めたニーチェの『ツァラトゥストラ（*Also sprach Zarathustra*）』に影響を与えたと考える研究者もおり、スイスという同じ思想的磁場に育ったユングが『タイプ論』においてこの両著作を取り上げているのは大変興味深い点である。

19　シャムダサーニは『タイプ論』第5章におけるユングの議論の展開の仕方について次のように述べている。「それはまたある重要な方法の導入の先触れでもあった。『赤の書』では、対立物の和解が直接的に論じられているが、そうではなくここではむしろ、彼は歴史上の類似物を探し、それにコメントしている」(Shamdasani, 2009, p.211. = 2010年、216頁、一部改訳)。

20　Jung, 1921, §276.
21　*ibid.*, §276.
22　*ibid.*, §282.
23　*ibid.*, §283.
24　*ibid.*, §295. = 林道義訳『タイプ論』みすず書房、1987年、190頁（一部改訳）。
25　*ibid.*, §295. = 同書、190頁。
26　*ibid.*, §295. = 同書、190頁。
27　「プロメテウスが彼の情熱を、彼の精神の全リビドーを内奥へと注ぎ込み、一心不乱に自らの精神に奉仕しているのと同じように、彼の神も世界の中心の周りを『巡回』し、そのために、死に瀕しているプロメテウスとまったく同様に、疲れ果てている」(*ibid.*, §296. = 同書、191頁、一部改訳)。
28　*ibid.*, §310. = 同書、199頁。
29　*ibid.*, §311. = 同書、200頁。
30　*ibid.*, §459. = 同書、293頁（一部改訳）。
31　Jung, 1925, pp.78-79.
32　Jung, 2009, p.348.
33　Jung, C.G. (1952b): *Symbole der Wandlung. Analyse des Vorspiels zu einer Schizophrenie*, *Gesammelte Werke*, Bd.5. Olten: Walter-Verlag, 1973, SS.9-10.

◆第4章

1　Jung, C.G. (2009): *The Red Book: Liber Novus*, S. Shamdasani (ed.), New York: WW Norton, 2009, fol.v(r). = 河合俊雄監訳『赤の書』創元社、2010年、256頁。
2　Jung, 2009, p.190. = 2010年、405頁。
3　Jung, C.G./Jaffé, A. (1962): *Erinnerungen, Träume, Gedanken*, Olten: Walter-Verlag, 1971,

S.203. = *Memories, Dreams, Reflections*, R. & C. Winston (trans.), New York: Vintage, 1965, p.199.　傍点は筆者。
4　Jung, C.G. (1955-56): *Mysterium Coniunctionis*, *Gesammelte Werke*, Bd.14/I, Olten: Walter-Verlag, 1971, §159.
5　Jung, 2009, p.267, note 44.　1913年12月30日の『黒の書3』への記録。
6　Jung/Jaffé, 1962, S.180.
7　Jung, C.G. (1921): *Psychologische Typen*, *Gesammelte Werke*, Bd.6, Olten: Walter-Verlag, 1971, §10.
8　Jung/Jaffé, 1962, S.211.
9　この点について、魚津は次のように述べている。「ジェイムズは、第一の実際的な結果によって、事実にもとづく科学の『理論的な信念』が有意味であることをみとめるとともに、第二の実際的な結果によって、機械論的、唯物論的な科学にたいする『情動的な反動』ともいえる有神論的、唯心論的な主張もまた有意味であることをみとめた」（魚津郁夫『プラグマティズムの思想』筑摩書房、2006年、139頁）。
10　『宗教的経験の諸相』は、1901年および1902年、2回にわたって行われた、エディンバラ大学における講義（通称ギフォード講義）の内容である。
11　James, W. (1902): *The Varieties of Religious Experience: A Study in Human Nature*, Harmondsworth: Penguin, 1982, p.31. = 桝田啓三郎訳『宗教的経験の諸相』上、岩波書店、1970年、52頁。原文はイタリックで強調されている。また、「神」については以下のように定義される。「私たちは、個人が、呪詛や冗談によってではなく、厳粛で荘重な態度で、応答せずにはいられないような根源的な実在という意味においてのみ神（the divine）を用いることにしたい」（*ibid*., p.38. = 同書、63頁）。
12　「その変化が宗教的なものであるならば、そしてことにそれが危機（crisis）によって、あるいは突如として、起こる場合には、私たちはそれを回心と呼ぶのである」（*ibid*., p.196. = 同書、297頁）。
13　*ibid*., pp.28-30.
14　*ibid*., p.xxxv. = 同書、9頁。
15　深澤英隆「「神秘主義論争」における体験・個人・共同体」『一橋大学研究年報　社会学研究』第35号、1996年、148-149頁。
16　吉永進一「ウィリアム・ジェイムズと宗教心理学」、島薗進・西平直編『宗教心理の探究』東京大学出版会、2001年、94頁。

17 「私たちが責任をもって関心をかたむけるべきものは、私たち個人の運命しかないのである」(James, 1902, p.501. = 桝田啓三郎訳『宗教的経験の諸相』下、岩波書店、1970年、360頁)。

18 岩田文昭「神秘主義の宗教心理理解 —— メーヌ・ド・ビランの可能性」、島薗進・西平直編『宗教心理の探究』東京大学出版会、2001年、13頁。

19 James, 1902, p.379. = 1970年、下182頁。

20 ジェイムズによれば、「神秘体験」は以下の性質に特徴づけることができる。すなわち、①言表不可能性(Ineffability)、②体験した者にとっては真理の深みの洞察を伴っているという認識的性質(Noetic quality)、③その状態が長く続かないという暫時性(Transiency)、④体験者にとって意志を超越して訪れるかに見える受動性(Passivity)、の四要素である(ibid., pp.380-382. = 同書、183-185頁)。

21 ibid., p.515. = 同書、382頁。原文は、「意識的人格は……」より「……真である」までがイタリックで強調されている。

22 ibid., pp.515-516. = 同書、383頁。傍点は筆者。

23 ibid., p.516.

24 堀は、この"the more"が、「経験的世界の彼岸に位置する超越的実体としてではなく、あくまでも経験的世界の限界を内側から押し広げるような超過的実在として考えられている」と解釈している(堀雅彦「際限なき世界、溶けゆく「神」——ジェイムズ宗教論の一つの帰結(生と経験と the "more"：ウィリアム・ジェイムズの思想と宗教性、自由テーマパネル、第六十四回学術大会)」『宗教研究』第79巻第4輯、2006年、1041頁)。

25 James, 1902, p.428. = 1970年、下257頁。

26 Bergson, H. (1972): *Mélanges*, Paris: Presses Universitaires de France, pp.579-580.（訳は、桝田啓三郎訳『宗教的経験の諸相』下、岩波書店、1970年の訳者解説を参照。）さらに、ベルクソンは『プラグマティズム』のフランス語版に寄せた序文で、次のように述べている。「『宗教的経験』に関するジェイムズの本が出た時に、多くの人はこれを宗教的感情のきわめて生き生きとした描写ときわめて鋭い分析、つまり単なる宗教的感情の心理学としか考えなかった。これは著者の思想に対する重大な誤解である！　実を言うと、ジェイムズが身を乗り出して神秘的な心を覗き込んでいるのは、ちょうどわれわれが春の日に朝風の軟らかさを感ずるために窓から乗り出したり、海岸でどちらから風が吹くかを知るために船の往来やその帆の膨らみを眺めたりするようなものであった」(Bergson, H. (1969): *La pensée et le mouvant: essais et conferences*, Paris: Presses Universitaires de

France, pp.243-244. ＝河野与一訳『思想と動くもの』岩波書店、1998年、334-335頁、一部改訳）。

27　ベルクソンによれば、こうした宗教的な感激に満たされた態度にこそ、「疑いもなくウィリアム・ジェイムズの『プラグマティズム』の起源があり着想がある」。それは「ジェイムズにとっては、思考される前に感ぜられ生きられた真理」であった（*ibid.*, p.244. ＝同書、335頁）。

28　フルールノワとジェイムズの親交について、ペリーは次のように述べている。「ジュネーヴ大学で実験心理学担当の教授であったテオドール・フルールノワは、ウィリアム・ジェイムズ晩年の最も親しい友人の一人であった」。二人は、1889年、パリで開かれた国際生理心理学会で知り合いとなったのだが、ペリーによればそれ以前からフルールノワはジェイムズの著作を読んでおり、すでに彼に魅了されていたという。フルールノワはジェイムズについて次のように語っている。「私にはしばしば、あなたについて次のように言う機会がある。『私の心にかなった一人の男がいる』」と（Perry, R.B. (1935): *The Thought and Character of William James: As Revealed in Unpublished Correspondence and Notes, Together with His Published Writings*, Boston: Little, Brown, p.177）。第1章に見たように、ユングの『自伝』草稿にはフルールノワへの多くの言及があった。

29　ここでユングは、『諸相』をジェイムズの「主著（Hauptwerk）」と説明している（Jung, C.G. (1936b): "Über den Archetypus mit besonderer Berücksichtigung des Animabegriffes," *Gesammelte Werke*, Bd.9/I, Olten: Walter-Verlag, 1976, §113）。

30　*ibid.*, §113.

31　Jung, C.G. (1928): "Die Beziehungen zwischen dem Ich und dem Unbewußten," *Gesammelte Werke*, Bd.7, Olten: Walter-Verlag, 1981, §270.

32　Jung, C.G. (1961): "Symbole und Traumdeutung," *Gesammelte Werke*, Bd.18/I, Olten: Walter-Verlag, 1981, §566.

33　哲学の立場からユング思想を研究するクラーク（Clarke, John James）は、この論文におけるユングの主張を、「プラグマティストの哲学者ウィリアム・ジェイムズらしい口調」と表現している（Clarke, J.J. (1992): *In Search of Jung: Historical and Philosophical Enquiries*, London & New York: Routledge, p.75）。

34　Jung, C.G. (1937b): "Psychologie und Religion," *Gesammelte Werke*, Bd.11, Olten: Walter-Verlag, 1973, §2.

35　*ibid.*, §4.

36　*ibid.*, §2. 傍点は筆者。

37　James, W. (1907): *Pragmatism: A New Name for Some Old Ways of Thinking*, Rockville, MD: ARC Manor, 2008, p.40.
38　この点についてジェイムズは、自らの主題を、カントをもじって「純粋聖徳批判（Critique of pure Saintliness）」と呼んでいる（James, 1902, p.326）。
39　Jung, 1937b, §4.
40　Freud, S. (1948): "Die Zukunft einer Illusion," *Gesammelte Werke*, Bd.XIV, Frankfurt am Main: S. Fischer Verlag.
41　Jung, 1937b, §4.
42　*ibid.*, §102.
43　*ibid.*, §142.
44　*ibid.*, §110.　傍点は原文イタリック。
45　*ibid.*, §110.
46　ジェイムズが以下のように述べていることを思い出したい。「宗教的現象の価値を批判的に判断するにあたっては、個人的な人格的活動としての宗教と、制度的、団体的、あるいは種族的な産物としての宗教との区別を強調することが非常に大切である。［……］この講義では、教会制度はまったく私たちの問題とはならない。私たちの研究しつつある宗教的経験は、個人の胸のなかで生きのびてゆくそれである」（James, 1902, pp.334-335. = 1970年、上122-123頁）。
47　ヌミノーゼは、オットーがラテン語で神性を表すNumenをもとに生み出した造語である。オットーは「聖なるもの」を分析する際、そのうちに最高善のみならず、非合理的なものが包含されていることを指摘し、それをヌミノーゼという語で示した。彼はヌミノーゼ分析において「戦慄すべき」「優越」「力ある者」「巨怪なるもの」「崇高なるもの」などの諸要素からその説明を試みた。それらの諸要素は、合理性を超えるものであるが、それに直面することを通じて、神性に到達することができるとされた（Otto, R. (1917): *Das Heilige: über das irrationale in der Idee des Göttlichen und sein Verhältnis zum Rationalen*, München: C.H. Beck, 1979, SS.5-7）。
48　Jung, 1937b, §9.
49　*ibid.*, §10.
50　*ibid.*, §32.
51　*ibid.*, §81.　したがって、ユングにおいて「宗派」は、「世界の不気味さに圧殺されないだけの確かさと力を人間に与えてくれる、最も優れた意義ある成果」（Jung, C.G. (1952b): *Symbole der Wandlung. Analyse des Vorspiels zu einer Schizophrenie,*

Gesammelte Werke, Bd.5, Olten: Walter-Verlag, 1973, §343) として、高く評価されるべきものであったのだ。

52　Jung, 1937b, §25.
53　*ibid.*, §51.
54　*ibid.*, §59.
55　*ibid.*, §106.
56　*ibid.*, §167.
57　堀江宗正「心理学的自己実現論の系譜と宗教——救済・自己実現・癒し」『東京大学宗教学年報』第17号、1999年、57-72頁。
58　ただし、以下のような留保がつけられている。「もちろん、この場合にも、一般におこなわれているたいていの分類においてそうであるように、このような過度に極端な形式のものはいわば理想的な抽象物であって、私たちがもっともしばしば出会う具体的な人間は、たいていは、中間的な雑種であり混合種である」(James, 1902, p.167. ＝ 1970年、上252頁)。
59　*ibid.*, p.167. ＝同書、253頁。
60　*ibid.*, p.176. ＝同書、266頁。
61　*ibid.*, p.175. ＝同書、265頁。
62　「それは一つの刺激であり、興奮であり、信仰であり、以前には人生を耐えがたいものと思わしめたような悪が眼前に充満していることが認められるにもかかわらず、生きようとする積極的な意欲をふたたび注入する力なのである」(*ibid.*, p.187. ＝同書、284-285頁)。
63　それは必ずしも宗教的な形式をとる必要はないが、「それが宗教的な形をとる場合ほど大きい救いをもたらすことは決してない。［……］容易に、永久的に、そして有効に、宗教はしばしば、もっとも耐えがたい悲惨をも、もっとも深くもっとも永続的な幸福に変形するのである」(*ibid.*, p.175. ＝同書、265頁)。
64　*ibid.*, p.187.
65　James, W. (1920): *The Letters of William James*, H. James(ed.), London: Longmans, Green, p.145.
66　James, 1902, p.160. ＝1970年、上243頁。傍点は原文イタリック。
67　*ibid.*, p.161. ＝同書、244頁。
68　James, 1920, p.147.
69　*ibid.*, pp.147-148.
70　ここに見たジェイムズの実存的な体験と、その思想へのつながりについては、

嘉指信雄「若きジェイムズにおける現象学的領野の開示（1）――「存在論的驚異症」と「生への還帰」」『愛知：φιλοσοφια』第19号、神戸大学文学部哲学懇話会、2007年、35-56頁；嘉指信雄「若きジェイムズにおける現象学的領野の開示（2）――「職業としての哲学」と「存在すること」」『愛知：φιλοσοφια』第20号、神戸大学文学部哲学懇話会、2008年、3-26頁に詳しい。

71 父だけでなく、父方の伯父2人も牧師であり、母方の一族にも6人の牧師がいた（Jung/Jaffé, 1962, S.47）。

72 ibid., S.51.

73 ユングがここで特に念頭に置いているのは、彼が3〜4歳頃に見た「地下の寺院でのファルロスの夢」（ibid., SS.18-19）および10歳の頃、彼が定規の端を削って作った小さな人形をめぐる儀式的行為（ibid., S.27）である。後者のエピソードを、ユングは「私の子ども時代のクライマックスであり、結論」であると述べる。ユングが35歳になって『リビドーの変容と象徴』を書くとき、この記憶の回想こそ「原始的な心的要素」という着想を生んだというのである（ibid., S.29）。

74 ibid., S.85.

75 ibid., S.203. = 河合隼雄・藤縄昭・出井淑子訳『ユング自伝 —— 思い出、夢、思想』1、みすず書房、1972年、283頁。

76 ibid., S.196. = 同書、274頁。「今日、私は私の最初の経験との接触を決して失ってはいない。すべての私の仕事、創造的な活動は、ほとんど50年前の1912年に始まったこれらの最初の空想や夢から生じてきている。後年になって私が成し遂げたことはすべて、それらの中にすでに含まれていた」（ibid., S.196. = 同書、274頁）。

77 James, W. (1909a): *A Pluralistic Universe*, Cambridge: Harvard University Press, 1977, p.79. = 吉田夏彦訳『多元的宇宙』（ジェイムズ著作集5）日本教文社、1961年、232頁。

78 桝田啓三郎「解説」、ジェイムズ『宗教的経験の諸相』下、岩波書店、1970年、408-409頁。

79 たとえば、Jung, C.G./Wilhelm, R. (1929): *Das Geheimnis der goldenen Blüte: ein chinesisches Lebensbuch*, München: Dorn, S.78 および Jung, C.G. (1952c): "Über Mandalasymbolik", *Gesammelte Werke*, Bd.9/I, Olten: Walter-Verlag, 1976, §682 など。

◆第5章

1 Jung, C.G. (2009): *The Red Book: Liber Novus*, S. Shamdasani (ed.), New York: W.W. Norton,

2009, p.190. = 河合俊雄監訳『赤の書』創元社、2010年、405頁。
2　Jung, C.G. (1928): "Die Beziehungen zwischen dem Ich und dem Unbewußten," *Gesammelte Werke*, Bd.7, Olten: Walter-Verlag, 1981, §266. = 野田倬訳『自我と無意識の関係』人文書院、1982年、85頁。傍点は原文イタリック。
3　Jung, C.G. (1921): *Psychologische Typen, Gesammelte Werke*, Bd.6, Olten: Walter-Verlag, 1971, §810. = 林道義訳『タイプ論』みすず書房、1987年、80-81頁。
4　Samuels, A. (1985): *Jung and the Post-Jungians*, London: Routledge & Kegan Paul, p.89. = 村本詔司・村本邦子訳『ユングとポスト・ユンギアン』創元社、1990年、153頁。傍点は原文イタリック。
5　Jung, 1921, §§825-828. = 1987年、472-473頁。
6　Jung, C.G. (1951): *Aion, Gesammelte Werke*, Bd.9/II, Olten: Walter-Verlag, 1976, §§1-67.
7　河合俊雄『ユング――魂の現実性』講談社、1998年、286頁。
8　また、湯浅は、1911〜12年の『リビドーの変容と象徴』と40年後の1952年の改訂版『変容の象徴』を読み比べることで、ユングにおける「変容」の概念が東洋思想との接触によってどのように変遷していったかについて詳しく論じている（湯浅泰雄『ユングと東洋』人文書院、1989年、下61-87頁）。
9　大貫隆「第3章　ないないづくしの神――古代における三つの否定神学（アルキノス『プラトン哲学要綱』；『ヨハネのアポクリュフォン』；他者喪失の時代と「神」ほか）」、宮本久雄・山本巍・大貫隆『聖書の言語を超えて――ソクラテス・イエス・グノーシス』東京大学出版会、1997年、270頁。
10　同じ論点について述べた大貫の議論には、ほかに大貫隆『グノーシス考』岩波書店、2000年がある。なお、こうしたユング思想のグノーシス的側面とグノーシスとの差異を日本で論じたものに、湯浅泰雄「ユングのグノーシス観（二）」『山梨大学教育学部研究報告』第23号、1972年、41-49頁；林道義「ユングとグノーシス主義」『プシケー』第2号、思索社、1983年；入江良平「グノーシス的ユングと個性化過程の一側面」、ベネット『ユングが本当に言ったこと』鈴木晶・入江良平訳、思索社、1985年、267-305頁など。
11　トリューブ, H.『出会いによる精神療法』宮本忠雄・石福恒雄訳、金剛出版、1982年、32頁。またトリューブは、「ユングが［自らの］内省的過程のなかで、自分自身を実存的に実現することをあきらかに企て、ついで、それを越えて、自己実現というこの彼の道を理論と実践のなかで一般的な治療目標にまで高めた」と述べ、ユングの研究態度そのものを批判している（同書、34頁）。なお、「個性化」論に他者性の欠如を見る論について、堀江は、ユングをはじめ

とする自己実現論が他者論を経たポストモダニズムの思想に対していかに回答しうるかを論ずる中で、以下のように述べている。「［ユングは］自我の限界を指摘し、［……］個人心理を越えた心の場に現出する"自我とは他なるもの"と直面することを是とするわけだが、これが主観的に構成されることのない絶対的外部性を有するような他者との倫理的関係になっているかどうかは、大いに疑問がある。むしろ、それはグローバルな独我論ではないか」（堀江宗正「現代思想と宗教心理」、島薗進・西平直編『宗教心理の探究』東京大学出版会、2001年、301頁）。

　こうした堀江の指摘を含め、「個性化」論に他者性の欠如を見る論は、主に以下の二点を特徴としていると言える。第一に、ユングの「心的現実」の立場が、主観のみを考察の対象とし、他者は主観において構成される限りでしか問題にならないという独我論的認識論の立場にあること、第二に「個性化」が目指す「自己」の概念は、結局「自我」との区別が曖昧であり、「自己」への統合を規範とする限り、他なるものが自己実現のための単なる手段になってしまうこと、これらの点を根拠として、「個性化」論における他者への倫理的配慮の欠落を指摘するのである。本論では主に、第二の批判について取り上げるが、第一の批判については、ユングの「方法論的独我論」が個人の体験世界を重視する以上、他者の現実や他者コミュニケーションの次元をその射程に捉えることはできないとする渡辺の議論などがある（渡辺学『ユングにおける心と体験世界』春秋社、1991年、231-285頁）。

12　Buber, M. (1952): "Religion und modernes Denken," *Gottesfinsternis*, Zürich: Manesse Verlag, 1953.「宗教と現代的思惟」は1952年2月、ドイツのメルクール誌に掲載されたものである。ここでブーバーは、現代の無神論的傾向を代表する思想家として、サルトル、ハイデッガー、ユングの三人を挙げ、それぞれについて批判を繰り広げた。これを受けて同年5月、ユングが同誌に「ブーバーへの答え」と題する論文を寄せ、これに対するブーバーの「ユングの返答に答える」とともに掲載された。二人の公式の議論は、以上の3本の論文に限られる。「論争」というにはあまりにも少ないやりとりではあるものの、両者の理論の間に親和性を感じていた多くの人に衝撃を与えたという。ブーバーの弟子フリードマンは、論争当時の周囲の反応について以下のように述べている。「ブーバーとユングの論争が公になると、ヨーロッパ、アメリカ、イスラエルの多くの人が衝撃を受けた。宗教の敵は従来、フロイトであって、それに対しユングは宗教の偉大な友人とされていた。ユングの門人の多くがブーバーと親

しく、逆もまた同じだった。自分を両者の弟子と考えていた者も少なくなかった」（Friedman, M. (1991): *Encounter on the Narrow Ridge: A Life of Martin Buber*, New York: Paragon House, p.156. ＝黒沼凱夫・河合一充訳『評伝マルティン・ブーバー――狭い尾根での出会い』ミルトス、2000年、下217頁）。なお、この論争の詳しい検討については、Stephens, B.D. (2001): "The Martin Buber-Carl Jung disputations: Protecting the sacred in the battle for the boundaries of analytical psychology," *Journal of Analytical Psychology*, 46, pp.455-491; Wehr, G. (1982): *C.G. Jung und Rudolf Steiner: Konfrontation und Synopse*, Frankfurt am Main: Ullstein, SS.220, 224; 渡辺学「現代における信と知の問題――ブーバーのユング批判をめぐって」『比較思想の途』4、筑波大学比較思想コロキウム、1985年、1-8頁；高橋原『ユングの宗教論――キリスト教神話の再生』専修大学出版局、2005年、201-228頁および拙論「自己実現論における「関係性」の地平――ユング＝ブーバー論争の再検討」『ホリスティック教育研究』第12号、日本ホリスティック教育研究協会、2009年を参照のこと。

13　Buber, 1952, S.111.
14　*ibid.*, S.110.
15　*ibid.*, S.110.　ここでブーバーは、ユングが「自己」は「自我だけでなく他者をも含んだもの」であり、「個性化」とは「世界を閉め出すのではなく、それを含み込む」ものであると述べている（Jung, C.G. (1947): "Theoretische Überlegungen zum Wesen des Psychischen," *Gesammelte Werke*, Bd.8, Olten: Walter-Verlag, 1967, §432）ことをその論拠に挙げている。ユング自身、「エベレストの山頂では、誰にも悩まされないのは確かだが、個性化の可能性はない。個性化は常に関係を意味する」などと述べるものの、他者との関係がいかに重要であるのか、他者が「個性化」にどのように作用するのかについては詳述しておらず（Jung, C.G. (1934b): *The Visions Seminars*, Book Two, Zürich: Spring Publications, 1976, p.506.　傍点は筆者）、また、たとえば教育関係について論じた著作（Jung, C.G. (1923): "Die Bedeutung der Analytischen Psychologie für die Erziehung," *Gesammelte Werke*, Bd.17, Olten: Walter-Verlag, 1972）を参照しても、論点は親・教師本人の「個性化」の重要性へとシフトしてしまい、関係の中で子どもの「個性化」がどのように展開するかに関しては、やはり論じられていないに等しい。これらの論を見る限りでは、ユングの議論はとかく個人の内的な「個性化」の必要性に帰着してしまうばかりで、「他者に対して開かれていない」という印象を拭い去ることができないが、第2章でも少し触れたユングの転移論においては、他者との関

係性の中での「個性化」というテーマが中心に描かれていると言える。このテーマに関する詳細は、垂谷茂弘「個体化における他者と世界の問題」『宗教哲学研究』第5号、宗教哲学会、1988年、78-95頁および拙論「C・G・ユング「個性化」論における他者性の問題――ユングの転移論による検討」『東京大学大学院教育学研究科紀要』第47号、東京大学大学院教育学研究科、2008年a、11-20頁を参照のこと。

　また、ブーバーのユングに対する激しい批判の背景には、「相互性」・「非対称性」の問題に対するブーバー自身の格闘があったと思われる。この点については、拙論「心理療法における「相互性」の問題――ブーバー＝ロジャーズ「対話」の再検討」『京都大学大学院教育学研究科附属臨床教育実践研究センター紀要』第12巻、京都大学大学院教育学研究科附属臨床教育実践研究センター、2008年b、92-103頁で詳述した。

16　Jung, C.G. (1952a): "Eine Antwort auf Martin Buber," *Gesammelte Werke*, Bd.18/II, Olten: Walter-Verlag, 1981.

17　ユングの回答のうちでこれに関連すると思われるのは、唯一以下の箇所である。「ここで私は、しばしば受けるもう一つの誤解に触れたい。投影を『取り下げ』たら、客体には何ものも残らないとする、おかしな仮定のことである。もしも私がある人についての自分の誤った判断を正したとしても、私がそれによって彼を否定したことにはならないし、消してしまうことにもならない。それどころか、私は今や彼をより正しく見るようになり、二人の関係の助けにさえなるのである」(*ibid.*, §1511)。

18　"individuationis" は「個性化の」と訳すことも可能であるが、「個体化の原理」が哲学史上の定訳であることと、ユングの「個性化」論と区別する意味合いから、本論では以下、「個体化の原理」と訳出することにする。

19　Jung, C.G. (1942): "Der Geist Mercurius, *Gesammelte Werke*, Bd.13, Olten: Walter-Verlag, 1978, §244.

20　*ibid.*, §287.

21　河合隼雄『ユング心理学と仏教』岩波書店、1995年、153頁。

22　Perry, R.B. (1935): *The Thought and Character of William James: As Revealed in Unpublished Correspondence and Notes, Together with His Published Writings*, Boston: Little, Brown, p.583. なお、日本でのジェイムズ『多元的宇宙』に関する研究には、伊藤邦武『ジェイムズの多元的宇宙論』岩波書店、2009年がある。

23　James, W. (1909a): *A Pluralistic Universe*, Cambridge: Harvard University Press, 1977, p.11.

24　*ibid.*, p.12.
25　*ibid.*, p.11.
26　*ibid.*, pp.24-29.
27　*ibid.*, p.32.
28　*ibid.*, p.33.
29　*ibid.*, p.36.
30　*ibid.*, pp.15-16.
31　*ibid.*, p.36.　傍点は原文イタリック。
32　*ibid.*, p.80.
33　*ibid.*, p.74.
34　*ibid.*, p.83.
35　*ibid.*, p.83.
36　*ibid.*, pp.83-84.　斜体は筆者による強調。
37　ここで参照するヒルマンの論文は、1971年に *Spring* No.57に発表された "Psychology: Monotheistic or Polytheistic?" である。同論文は数年後の1974年、彼がエラノス会議で思想的に共鳴した宗教学者ミラー（Miller, David）の *The New Polytheism: Rebirth of the Gods and Goddesses* に補遺として収録されている。また、この本が1981年に改訂される際、論文に寄せられた反響に対する回答として、追記がなされた。そうしたヒルマンに対する反響の一つが、ギーゲリッヒの "Comment on James Hillman's 'Psychology: Monotheistic or Polytheistic?'" であり、1979年にヒルマンの元の論文の独語訳が *Gorgo* No.2に訳出された際のコメント論文として同時掲載された。また、ギーゲリッヒは2007年に、自らの英語版著作集 *Soul-Violence* に同論文を収録し、さらに数ページの追記を行っている。
38　Hillman, J. (1971/1981): "Psychology: Monotheistic or Polytheistic?," D.L. Miller, *The New Polytheism: Rebirth of the Gods and Goddesses*, Dallas: Spring Publications, pp.109-126.
39　ヒルマンはまた、主著の一つ *Re-Visioning Psychology*（1975）の結論部で、宗教と心理学の関係について論じる際に、やはり「ジェイムズに手がかりを求める」として議論を進めている。ヒルマンによれば、元型的心理学は、ジェイムズが『諸相』において宗教的な見解を心理学的観察を通じて確かめたのと逆の道をたどり、心理学的観察を宗教的見解を通して、どの神が働いているかを通して確かめることによって、宗教心理学へと至る。そして『多元的宇宙』は、心理学の探求が主観に基づき、自己充足的な、そして確かな前提の一つへと必ず通じることを認めたものであるとして、全体の議論を以下のように

締めくくる。「人格化や病理化、心理学化、そして脱−人間化は、多神論の様式、多元的宇宙における神々の顕現の方法なのである」（Hillman, J. (1975): *Re-Visioning Psychology*, New York: Harper & Row, pp.226-228）。

40　Hillman, 1971/1981, pp.133-134.
41　*ibid.*, pp.133-135.
42　Hillman, J. (1994): *Healing Fiction*, Dallas: Spring Publications, pp.10-11.
43　ただし、18年後の追記においては、論文が書かれた当時は、この二者択一が単に想像されたものにすぎなかったと自ら振り返って述べている。二つの概念は、いずれも同時にそこに属しているのであり、重要なのは、それぞれが互いにいかなる論理的関係性にあるかを理解することである。「われわれはそれらの間のシジギー的な緊張を保っていなければならない」というのである（Giegerich, W. (1979/2008): "Comment on James Hillman's 'Psychology: Monotheistic or Polytheistic?',"*Soul-Violence (Studies in Archetypal Psychology Series; Collected English Papers; 3)*, New Orleans, LA: Spring Journal Books, p.349）。
44　Giegerich, 1979/2008, pp.339-348.
45　Jung, C.G./Jaffé, A. (1962): *Erinnerungen, Träume, Gedanken*, Olten: Walter-Verlag, 1971, S.204.
46　*ibid.*, S.201.
47　*ibid.*, S.209.
48　*ibid.*, S.225.
49　ユングの錬金術研究については、Franz, M-L. (1979): *Alchemical Active Imagination*, Irving, TX: Spring Publications および Edinger, E.F. (1994): *The Mystery of THE CONIUNCTIO: Alchemical Image of Individuation*, Toronto: Innner City Books に詳しい。
50　Jung, C.G. (1955-56): *Mysterium Coniunctionis*, *Gesammelte Werke*, Bd.14/II, Olten: Walter-Verlag, 1971, §404.
51　*ibid.*, §398.
52　*ibid.*, §355.
53　*ibid.*, §§371-372.
54　*ibid.*, §365.
55　*ibid.*, §365.
56　*ibid.*, §406.
57　*ibid.*, §365.
58　*ibid.*, §365.

59　*ibid.*, §365.
60　*ibid.*, §346.
61　*ibid.*, §407.
62　*ibid.*, §407.
63　*ibid.*, §407. 傍点は原文イタリック。
64　*ibid.*, §404. ＝池田紘一訳『結合の神秘』2、人文書院、1995年、330頁（一部改訳）。ギーゲリッヒは、これを次のように言い換えている。「心理学のコミットメントは個別性（eachness）に向けられている。すなわち、この問題、症状、状況、この夢、イメージ、テキスト、現象という、手元にありこれでしかないものに向けられているのである。まさにこの現前する今、手元にあるこの一つの現象がレトルトの中にあるのであり、心理学者である限り、私は私の周りにある他のすべてのものに背を向け、レトルトに向かうのである。［……］この容器の絶対的な封鎖を通して、あるいは逆に、容器の中にないものの絶対的な除外を通して、この小さな錬金術的容器の中の一見重要でなさそうな物質が、今や私にとって存在するもののすべてになる」（Giegerich, W. (2006): "Closure and Setting Free or The Bottled Spirit of Alchemy and Psychology," *Spring: A Journal of Archetype and Culture*, 74, p.55. 傍点は原文イタリック）。
65　Jung, 1955-56, §409.
66　*ibid.*, §409. 傍点は原文イタリック。
67　*ibid.*, §413.
68　*ibid.*, §414.
69　*ibid.*, §414.
70　*ibid.*, §417.
71　*ibid.*, §413. 「自己」という「目標へと導く《作業》こそ本質的なもの」（Jung, C.G. (1946): "Die Psychologie der Übertragung," *Gesammelte Werke*, Bd.16, Olten: Walter-Verlag, 1979, §400）であり、生きることに意味を与えるものであるとされる。西平が論じているように、ユングにおける「個性化」の終了は、一つの「死」を意味している（西平直『魂のライフサイクル――ユング・ウィルバー・シュタイナー』東京大学出版会、1997年、41-58頁）。
72　Jung, 1955-56, §414.
73　*ibid.*, §422.
74　*ibid.*, §424.
75　深澤英隆「「神秘主義論争」における体験・個人・共同体」『一橋大学研究年

報　社会学研究』第35号、1996年、183頁。
76　Jung, 1946, §474.

◆終章
1　Jung, C.G. (1946): "Die Psychologie der Übertragung," *Gesammelte Werke*, Bd.16, Olten: Walter-Verlag, 1979, §389.
2　Jung, C.G. (1942): "Der Geist Mercurius," *Gesammelte Werke*, Bd.13, Olten: Walter-Verlag, 1978, §239.
3　Grimm, J./Grimm, W. (1815): "Der Geist im Glas," *Kinder- und Hausmärchen*, Bd.2, Leipzig: Reclam, 1894, SS.63-68.　訳については、高橋健二訳「ガラスびんの中の、おばけ」『グリム童話全集』2、小学館、1976年、325-333頁および金田鬼一訳「ガラスびんのなかのばけもの」『完訳　グリム童話集』3、岩波書店、1979年、197-206頁をそれぞれ適宜参照した。
4　Jung, 1942, §241.
5　*ibid.*, §241.
6　ユングは、木というシンボルが持つ性質について、別の論文で次のように説明している。「通例、マンダラが自己の象徴を上から見た像として表されるとすれば、木はそれを横から見た像を示している。すなわち、自己が一つの成長過程として描かれるのである」（Jung, C.G. (1954): "Der philosophische Baum," *Gesammelte Werke*, Bd.13, Olten: Walter-Verlag, 1978, §304.　傍点は原文イタリック）。
7　Jung, 1942, §241.
8　*ibid.*, §245.
9　*ibid.*, §245.
10　*ibid.*, §245.
11　ギーゲリッヒは、この物語の封入と解放の問題を通して心理療法の特質を論じた論文の中で、封入と解放とは論理的には同じ事態を指していると述べ、メルクリウスの解放は、封入を取り消すことではなく、封入を完全にやり抜いたことで、それを超越したことを意味しているとしている。「『外側』や『その周辺』といったすべての概念をそれ自体のうちに容赦なく統合してしまったこの封入は、その事実そのものによって、捕囚された精霊メルクリウスを解放することに匹敵する。絵画的に言えば、びんの周辺は今やびんの内側にあり、そのことはびんが無限のものとなり、[……] その人さえも今ではその中に囲い込まれ、びんが彼の周りにあることを意味する。それゆえ、彼はも

はや起きている事柄の冷静な観察者ではいられなくなる。そして、びんが彼さえも含むすべてを囲む世界となったので、また、彼がメルクリウスも閉じ込められているのと同じ世界の内側に錬金術的に囲い込まれたので、精霊は今や彼の周りじゅうにあり、全宇宙を自由にぶらつくことができるのである」（Giegerich, W. (2006): "Closure and Setting Free or The Bottled Spirit of Alchemy and Psychology," *Spring: A Journal of Archetype and Culture*, 74, pp.58-59）。

12 「生ける銀」としてのメルクリウスが、「銀」へと顕現する、あるいは「銀」との結合を成就したことを意味している（Jung (1955-56): *Mysterium Coniunctionis*, Gesammelte Werke, Bd.14/II, Olten: Walter-Verlag, 1971, §371）。

13 Jung, 1942, §287.

14 *ibid.*, §288. また、同じ箇所で「精霊メルクリウスが呪縛されているびんと貧しい学生との出会いは、盲目で目覚めていない人間の身に起こった精神の冒険を描いている。このモチーフは、世界樹に上った豚飼いの物語でも基礎をなしており、そもそも錬金術のライトモチーフを形成している」と述べている。

15 James, W. (1909b): "Confidences of a 'Psychical Researcher,'" *Essays in Psychical Research*, Cambridge: Harvard University Press, 1986, p.374.

引用文献

◆ユングの論文・著書（初出の年代順）

Jung, C.G. (1902): "Zur Psychologie und Pathologie sogenannter okkulter Phänomene," *Gesammelte Werke*, Bd.1, Olten: Walter-Verlag, 1957.（宇野昌人・岩瀬武司・山本淳訳「心霊現象の心理と病理」『心霊現象の心理と病理』法政大学出版局、1982年。）

Jung, C.G. (1908/1914): "Der Inhalt der Psychose," *Schriften zur angewandten Seelenkunde*, Drittes Heft, S. Freud (ed.), Leipzig und Wien: Franz Deuticke, SS. 1-26. / *Gesammelte Werke*, Bd.3, Olten: Walter-Verlag, 1960.（安田一郎訳「精神病の内容」『分裂病の心理』青土社、1979年。）

Jung, C.G. (1910): "Über Konflikte der kindlichen Seele," *Gesammelte Werke*, Bd.17, Olten: Walter-Verlag, 1954.（西丸四方訳「子どもの心の葛藤について」『人間心理と教育』日本教文社、1970年。）

Jung, C.G. (1911-12): *Wandlungen und Symbole der Libido*, München: Deutscher Taschenbuch Verlag, 2001.

Jung, C.G. (1912): "Versuch einer Darstellung der psychoanalytischen Theorie," *Gesammelte Werke*, Bd.4, Olten: Walter-Verlag, 1961.

Jung, C.G. (1913): "Zur Frage der Psychologischen Typen," *Gesammelte Werke*, Bd.6, Olten: Walter-Verlag, 1971.（林道義訳「心理的諸タイプの問題について」『タイプ論』みすず書房、1987年。）

Jung, C.G. (1916): "Die Struktur des Unbewußten," *Gesammelte Werke*, Bd.7, Olten: Walter-Verlag, 1971.

Jung, C.G. (1917): "Über die Psychologie des Unbewußten," *Gesammelte Werke*, Bd.7, Olten: Walter-Verlag, 1981.（高橋義孝訳『無意識の心理』人文書院、1977年。）

Jung, C.G. (1921): *Psychologische Typen*, *Gesammelte Werke*, Bd.6, Olten: Walter-Verlag, 1971.（林道義訳『タイプ論』みすず書房、1987年。）

Jung, C.G. (1923): "Die Bedeutung der Analytischen Psychologie für die Erziehung," *Gesammelte Werke*, Bd.17, Olten: Walter-Verlag, 1972.（磯前順一訳「教育に対する分析心理学の意味」『ユング研究』第9号、名著刊行会、1994年。）

Jung, C.G. (1925): *Analytical Psychology: Notes of the Seminar Given in 1925*, W. McGuire (ed.),

Princeton, NJ: Princeton University Press, 1989.

Jung, C.G. (1928): "Die Beziehungen zwischen dem Ich und dem Unbewußten," *Gesammelte Werke*, Bd.7, Olten: Walter-Verlag, 1981.（野田倬訳『自我と無意識の関係』人文書院、1982年。）

Jung, C.G. (1929a): "Der Gegensatz Freud und Jung," *Gesammelte Werke*, Bd.4, Olten: Walter-Verlag, 1961.（菊森秀夫訳「フロイトとユングの対立」『エピステーメー』5/77、朝日出版社、1977年。）

Jung, C.G. (1929b): "Die Probleme der modernen Psychotherapie," *Gesammelte Werke*, Bd.16, Olten: Walter-Verlag, 1979.（髙橋義孝・江野専次郎訳「近代精神治療学の諸問題」『現代人のたましい』日本教文社、1970年。）

Jung, C.G. (1934a): "Ein neues Buch von Keyserling *La Révolution mondiale et la responsibilité de l'esprit*," *Gesammelte Werke*, Bd.10, Olten: Walter-Verlag, 1974.

Jung, C.G. (1934b): *The Visions Seminars*, Zürich: Spring Publications, 1976.（氏原寛・老松克博監訳、角野善宏・川戸圓・宮野素子・山下雅也訳『ヴィジョン・セミナー』創元社、2011年。）

Jung, C.G. (1935): *Analytical Psychology: Its Theory and Practice. The Tavistock Lectures*, London: Routledge & Kegan Paul, 1968.（小川捷之訳『分析心理学』みすず書房、1976年。）

Jung, C.G. (1936a): "Psychologische Typologie," *Gesammelte Werke*, Bd.6, Olten: Walter-Verlag, 1961.（林道義訳「心理学的タイプ論」『タイプ論』みすず書房、1987年。）

Jung, C.G. (1936b): "Über den Archetypus mit besonderer Berücksichtigung des Animabegriffes," *Gesammelte Werke*, Bd.9/I, Olten: Walter-Verlag, 1976.（林道義訳「元型――とくにアニマ概念をめぐって」『元型論』紀伊國屋書店、1982年。）

Jung, C.G. (1937a): "Psychologische Determinanten des menschlichen Verhaltens," *Gesammelte Werke*, Bd.8, Olten: Walter-Verlag, 1967.

Jung, C.G. (1937b): "Psychologie und Religion," *Gesammelte Werke*, Bd.11, Olten: Walter-Verlag, 1973.

Jung, C.G. (1941): "Die psychologischen Aspekte des Mutterarchetypus," *Gesammelte Welke*, Bd.9/I, Olten: Walter-Verlag, 1976.（林道義訳「母元型の心理学的諸側面」『元型論』紀伊國屋書店、1982年。）

Jung, C.G. (1942): "Der Geist Mercurius," *Gesammelte Werke*, Bd.13, Olten: Walter-Verlag, 1978.

Jung, C.G. (1946): "Die Psychologie der Übertragung," *Gesammelte Werke*, Bd.16, Olten: Walter-Verlag, 1979.（林道義・磯上恵子訳『転移の心理学』みすず書房、1994年。）

Jung, C.G. (1947): "Theoretische Überlegungen zum Wesen des Psychischen," *Gesammelte Werke*, Bd.8, Olten: Walter-Verlag, 1967.（林道義・磯上恵子訳「心の本質についての理論的考

察（一）・（二）」『ユング研究』第6号・第7号、名著刊行会、1993年。）

Jung, C.G. (1951): *Aion, Gesammelte Werke*, Bd.9/II, Olten: Walter-Verlag, 1976.（野田倬訳『アイオーン』人文書院、1990年。）

Jung, C.G. (1952a): "Eine Antwort auf Martin Buber," *Gesammelte Werke*, Bd.18/II, Olten: Walter-Verlag, 1981.（野口啓祐訳「ブーバーの批判に答える」、ブーバー『対話の倫理』創文社、1967年。）

Jung, C.G. (1952b): *Symbole der Wandlung. Analyse des Vorspiels zu einer Schizophrenie, Gesammelte Werke*, Bd.5, Olten: Walter-Verlag, 1973.（野村美紀子訳『変容の象徴──精神分裂病の前駆症状』上・下、筑摩書房、1992年。）

Jung, C.G. (1952c): "Über Mandalasymbolik." *Gesammelte Werke*, Bd.9/I, Olten: Walter-Verlag, 1976.（林道義訳「マンダラ・シンボルについて」『個性化とマンダラ』みすず書房、1991年。）

Jung, C.G. (1954): "Der philosophische Baum," *Gesammelte Werke*, Bd.13, Olten: Walter-Verlag, 1978.（老松克博監訳、工藤昌孝訳『哲学の木』創元社、2009年。）

Jung, C.G. (1955-56): *Mysterium Coniunctionis, Gesammelte Werke*, Bd.14/I·II, Olten: Walter-Verlag, 1971.（池田紘一訳『結合の神秘』1・2、人文書院、1995-2000年。）

Jung, C.G. (1961): "Symbole und Traumdeutung," *Gesammelte Werke*, Bd.18/I, Olten: Walter-Verlag, 1981.

Jung, C.G. (1972): *Briefe*, zweiter Band 1946-1955, A. Jaffé (ed.), Olten: Walter-Verlag.

Jung, C.G. (1973): *Briefe*, dritter Band 1956-1961, A. Jaffé (ed.), Olten: Walter-Verlag.

Jung, C.G. (2009): *The Red Book: Liber Novus*, S. Shamdasani (ed.), New York: W.W. Norton, 2009.（河合俊雄監訳、田中康裕・高月玲子・猪股剛訳『赤の書』創元社、2010年。）

Jung, C.G/Wilhelm, R. (1929/1978): *Das Geheimnis der goldenen Blüte: ein chinesisches Lebensbuch*, München: Dorn./ "Kommentar zu *Das Geheimnis der goldenen Blüte*," *Gesammelte Werke*, Bd.13, Olten: Walter-Verlag, 1978.

Jung, C.G./Jaffé, A. (1962): *Erinnerungen, Träume, Gedanken*. Olten: Walter-Verlag, 1971 (Deutsche). *Memories, Dreams, Reflections*, R. & C. Winston (trans.), New York: Vintage, 1965 (English).（河合隼雄・藤縄昭・出井淑子訳『ユング自伝──思い出、夢、思想』1・2、みすず書房、1972-73年。）

Freud, S./Jung, C.G. (1974): *Briefwechsel*, W. McGuire und W. Sauerländer (ed.), Frankfurt am Main: S. Fischer, 1984.（金森誠也訳『フロイト＝ユング往復書簡』上・下、講談社、2007年。）

◆ユング以外の著者による論文・著書

Bergson, H. (1969): *La pensée et le mouvant: essais et conferences*, Paris: Presses Universitaires de France.（河野与一訳『思想と動くもの』岩波書店、1998年。）

Bergson, H. (1972): *Mélanges*, Paris: Presses Universitaires de France.

Bishop, P. (2012): "Jung's *Red Book* and its relation to aspects of German idealism," *Journal of Analytical Psychology*, 57, pp.335-363.

Boring, E.G. (1950): *A History of Experimental Psychology*, New York: Appleton-Century-Crofts.

Bright, G. (2012): "Clinical implications of *The Red Book: Liber Novus*," *Journal of Analytical Psychology*, 57, pp.469-476.

Brutsche, P. (2011): "The Red Book in the Context of Jung's Paintings," *Jung Journal: Culture & Psyche*, 5(3), pp.8-24.

Buber, M. (1952): "Religion und modernes Denken," *Gottesfinsternis*, Zürich: Manesse Verlag, 1953.（野口啓祐訳「現代における神の沈黙」『対話の倫理』創文社、1967年。）

Clarke, J.J. (1992): *In Search of Jung: Historical and Philosophical Enquiries*, London & New York: Routledge.（若山浩訳『ユングを求めて──歴史的・哲学的研究』富士書店、1994年。）

Dirda, M. (2009): "Book World: Michael Dirda reviews 'The Red Book' by Carl Gustav Jung," *The Washington Post*, Thursday, November 12, 2009.

Duncombe, R.L. (1945): "Personal Equation in Astronomy," *Popular Astronomy*, Vol.53, SectionI, pp.2-13.

Edinger, E.F. (1994): *The Mystery of THE CONIUNCTIO: Alchemical Image of Individuation*, Toronto: Innner City Books.

Franz, M-L. (1979): *Alchemical Active Imagination*, Irving, TX: Spring Publications.（垂谷茂弘訳『ユング思想と錬金術──錬金術における能動的想像』人文書院、2000年。）

Freud, S. (1948): "Die Zukunft einer Illusion," *Gesammelte Werke*, Bd.XIV, Frankfurt am Main: S. Fischer Verlag.（中山元訳「幻想の未来」『幻想の未来／文化への不満』光文社、2007年。）

Friedman, M. (1991): *Encounter on the Narrow Ridge: A Life of Martin Buber*, New York: Paragon House.（黒沼凱夫・河合一充訳『評伝マルティン・ブーバー──狭い尾根での出会い』上・下、ミルトス、2000年。）

藤波尚美『ウィリアム・ジェームズと心理学──現代心理学の源流』勁草書房、2009年。

深澤英隆「「神秘主義論争」における体験・個人・共同体」『一橋大学研究年報

社会学研究』第35号、1996年、139-190頁。

Gaillard, C. (2012): "The egg, the vessels and the words. From Izdubar to *Answer to Job*: For an imaging thinking," A. Conrade (trans.), *Journal of Analytical Psychology*, 57, pp.299-334.

Giegerich, W. (1979/2008): "Comment on James Hillman's 'Psychology: Monotheistic or Polytheistic?,'" *Soul-Violence (Studies in Archetypal Psychology Series; Collected English Papers; 3)*, New Orleans, LA: Spring Journal Books.

Giegerich, W. (2006): "Closure and Setting Free or The Bottled Spirit of Alchemy and Psychology," *Spring: A Journal of Archetype and Culture*, 74, pp.31-62.

Giegerich, W. (2010): "*Liber Novus*, That Is, The New Bible: A First Analysis of C.G. Jung's *Red Book*," *Spring: A Journal of Archetype and Culture*, 83, pp.361-411.

Grimm, J./Grimm, W. (1815): "Der Geist im Glas," *Kinder- und Hausmärchen*, Bd.2, Leipzig: Reclam, 1894.（高橋健二訳「ガラスびんの中の、おばけ」『グリム童話全集』2、小学館、1976年。金田鬼一訳「ガラスびんのなかのばけもの」『完訳　グリム童話集』3、岩波書店、1979年。）

Hannah, B. (1976): *C.G. Jung: His Life and Work, A Biographical Memoir*, New York: Perigree.（後藤佳珠・鳥山平三訳『評伝ユング ── その生涯と業績』1・2、人文書院、1987年。）

林道義「ユングとグノーシス主義」『プシケー』第2号、思索社、1983年。

林道義「解説」、ユング『タイプ論』みすず書房、1987年。

林道義『ユング思想の真髄』朝日新聞社、1998年。

Henderson, J.L. (1994): "Reflections on the History and Practice of Jungian Analysis," *Jungian Analysis*, M. Stein (ed.), La Salle, IL: Open Court.

Henderson, R.S. (2010): "The Search for the Lost Soul: An 'Enterview' with Murray Stein about C.G. Jung's *The Red Book*," *Jung Journal: Culture & Psyche*, 4(4), pp.92-101.

Hillman, J. (1971/1981): "Psychology: Monotheistic or Polytheistic?," D.L. Miller, *The New Polytheism: Rebirth of the Gods and Goddesses*, Dallas: Spring Publications.（桑原知子・尚右恭子訳「心理学 ── 一神論的か多神論的か」、ミラー『甦る神々 ── 新しい多神論』春秋社、1991年。）

Hillman, J. (1975): *Re-Visioning Psychology*, New York: Harper & Row.

Hillman, J. (1994): *Healing Fiction*, Dallas: Spring Publications.

Hoeller, S.A. (1982): *The Gnostic Jung and the Seven Sermons to the Dead*, Wheaton, IL: Quest Books.

Homans, P. (1979): *Jung in Context: Modernity and the Making of a Psychology*, Chicago: University of Chicago Press.（村本詔司訳『ユングと脱近代 ── 心理学人間の誕生』人文書院、

1986年。)

堀雅彦「際限なき世界、溶けゆく「神」――ジェイムズ宗教論の一つの帰結（生と経験と the "more"：ウィリアム・ジェイムズの思想と宗教性、自由テーマパネル、第六十四回学術大会）」『宗教研究』第79巻第4輯、2006年、1040-1042頁。

堀江宗正「心理学的自己実現論の系譜と宗教――救済・自己実現・癒し」『東京大学宗教学年報』第17号、1999年、57-72頁。

堀江宗正「現代思想と宗教心理」、島薗進・西平直編『宗教心理の探究』東京大学出版会、2001年。

Hunt, H.T. (2012): "A collective unconscious reconsidered: Jung's archetypal imagination in the light of contemporary psychology and social science," *Journal of Analytical Psychology*, 57, pp.76-98.

今田恵『心理学史』岩波書店、1962年。

入江良平「グノーシス的ユングと個性化過程の一側面」、ベネット『ユングが本当に言ったこと』鈴木晶・入江良平訳、思索社、1985年。

伊藤邦武『ジェイムズの多元的宇宙論』岩波書店、2009年。

岩田文昭「神秘主義の宗教心理理解――メーヌ・ド・ビランの可能性」、島薗進・西平直編『宗教心理の探究』東京大学出版会、2001年。

Jaffé, A. (1971): "Einleitung von Aniela Jaffé," Jung, C.G., *Erinnerungen, Träume, Gedanken*, Olten: Walter-Verlag.（河合隼雄・藤縄昭・出井淑子訳「はしがき」、ユング『ユング自伝――思い出、夢、思想』1、みすず書房、1972年。）

Jaffé, A. (1977): *C.G. Jung: Bild und Wort*, Olten: Walter-Verlag.（氏原寛訳『ユング――そのイメージとことば』誠信書房、1995年。）

James, W. (1890): *The Principles of Psychology*, Cambridge: Harvard University Press, 1983.

James, W. (1902): *The Varieties of Religious Experience: A Study in Human Nature*, Harmondsworth: Penguin, 1982.（桝田啓三郎訳『宗教的経験の諸相』上・下、岩波書店、1970年。）

James, W. (1904): "Philosophical Conceptions and Practical Results," *Pragmatism*, Cambridge: Harvard University Press, 1975.

James, W. (1907): *Pragmatism: A New Name for Some Old Ways of Thinking*, Rockville, MD: ARC Manor, 2008.（桝田啓三郎訳『プラグマティズム』岩波書店、1957年。）

James, W. (1909a): *A Pluralistic Universe*, Cambridge: Harvard University Press, 1977.（吉田夏彦訳『多元的宇宙』（ジェイムズ著作集5）日本教文社、1961年。）

James, W. (1909b): "Confidences of a 'Psychical Researcher,'" *Essays in Psychical Research*, Cambridge: Harvard University Press, 1986.

James, W. (1920): *The Letters of William James*, H. James (ed.), London: Longmans, Green.
Kant, I. (1781): "Kritik der reinen Vernunft," *Immanuel Kant Werke*, Bd.2a, Wiesbaden: Insel-Verlag, 1956.（篠田英雄訳『純粋理性批判』岩波書店、1962年。）
河合隼雄「事例研究の意義と問題点 ── 臨床心理学の立場から」『臨床心理事例研究』第3号、京都大学教育学部心理教育相談室、1976年、9-12頁。
河合隼雄『ユング心理学と仏教』岩波書店、1995年。
河合俊雄『ユング ── 魂の現実性』講談社、1998年。
河合俊雄「ユング『赤の書』の意味と時代性」『新潮』2010年7月号、新潮社、254-255頁。
河合俊雄「ユング再考 ── 没後50周年を記念して」『こころの科学』第161号、日本評論社、2011年、6-10頁。
Kawai, T. (2012): "*The Red Book* from a pre-modern perspective: The position of the ego, sacrifice and the dead," *Journal of Analytical Psychology*, 57, pp.378-389.
嘉指信雄「若きジェイムズにおける現象学的領野の開示（1）──「存在論的驚異症」と「生への還帰」」『愛知：φιλοσοφια』第19号、神戸大学文学部哲学懇話会、2007年、35-56頁。
嘉指信雄「若きジェイムズにおける現象学的領野の開示（2）──「職業としての哲学」と「存在すること」」『愛知：φιλοσοφια』第20号、神戸大学文学部哲学懇話会、2008年、3-26頁。
Kirsch, T. (2012): "Jung and His Relationship to Judaism," *Jung Journal: Culture & Psyche*, 6(1), pp.10-20.
MacKenna, C. (2012): "What implications does *The Red Book* have for my clinical practice?," *Journal of Analytical Psychology*, 57, pp.477-482.
桝田啓三郎「解説」、ジェイムズ『宗教的経験の諸相』下、岩波書店、1970年。
Meredith-Owen, W. (2011): "Jung's shadow: Negation and Narcissism of the Self," *Journal of Analytical Psychology*, 56, pp.674-691.
宮下聡子『ユングにおける悪と宗教的倫理』教文館、2009年。
Mollon, J.D. & Perkins, A.J. (1996): "Errors of Judgement at Greenwich in 1796," *Nature*, 380.
中村雄二郎『臨床の知とは何か』岩波書店、1992年。
Neumann, E. (1968): *Ursprungsgeschichte des Bewußtseins*, Munchen: Kindler Verlag, 1980.（林道義訳『意識の起源史』上・下、紀伊國屋書店、1984年。）
西垣通「インターネット時代に倫理を問う」、ジェイムズ『根本的経験論』桝田啓三郎・加藤茂訳、白水社、1998年。

西平直『魂のライフサイクル ── ユング・ウィルバー・シュタイナー』東京大学出版会、1997年。

小木曽由佳「C・G・ユング「個性化」論における他者性の問題 ── ユングの転移論による検討」『東京大学大学院教育学研究科紀要』第47号、東京大学大学院教育学研究科、2008年a、11-20頁。

小木曽由佳「心理療法における「相互性」の問題 ── ブーバー＝ロジャーズ「対話」の再検討」『京都大学大学院教育学研究科附属臨床教育実践研究センター紀要』第12巻、京都大学大学院教育学研究科附属臨床教育実践研究センター、2008年b、92-103頁。

小木曽由佳「自己実現論における「関係性」の地平 ── ユング＝ブーバー論争の再検討」『ホリスティック教育研究』第12号、日本ホリスティック教育研究協会、2009年、34-46頁。

大貫隆「第3章　ないないづくしの神 ── 古代における三つの否定神学（アルキノス『プラトン哲学要綱』；『ヨハネのアポクリュフォン』；他者喪失の時代と「神」ほか）、宮本久雄・山本巍・大貫隆『聖書の言語を超えて ── ソクラテス・イエス・グノーシス』東京大学出版会、1997年。

大貫隆『グノーシス考』岩波書店、2000年。

Otto, R. (1917): *Das Heilige : über das irrationale in der Idee des Göttlichen und sein Verhältnis zum Rationalen*, München: C.H. Beck, 1979.（山谷省吾訳『聖なるもの』岩波書店、1968年。）

Peirce, C.S. (1877a): "How to make our ideas clear," *Collected Papers of Charles Sanders Peirce*, Vol.5, C. Hartshorne & P. Weiss (ed.), Cambridge: Harvard University Press, 1998.（上山春平訳「概念を明晰にする方法」、上山春平編『世界の名著48　パース・ジェイムズ・デューイ』中央公論社、1968年。）

Peirce, C.S. (1877b): "The Fixation of Belief," *Collected Papers of Charles Sanders Peirce*, Vol.5, C. Hartshorne & P. Weiss (ed.), Cambridge: Harvard University Press, 1998.（上山春平訳「探求の方法」、上山春平編『世界の名著48　パース・ジェイムズ・デューイ』中央公論社、1968年。）

Peirce, C.S. (1905): "What Pragmatism is," *Collected Papers of Charles Sanders Peirce*, Vol.5, C. Hartshorne & P. Weiss (ed.), Cambridge: Harvard University Press, 1998.（山下正男訳「プラグマティズムとは何か」、上山春平編『世界の名著48　パース・ジェイムズ・デューイ』中央公論社、1968年。）

Peirce, C.S. (1931): "Principles of philosophy," *Collected Papers of Charles Sanders Peirce*, Vol.1, C. Hartshorne & P. Weiss (ed.), Cambridge: Harvard University Press.

Perry, R.B. (1935): *The Thought and Character of William James: As Revealed in Unpublished Correspondence and Notes, Together with His Published Writings*, Boston: Little, Brown.

Samuels, A. (1985): *Jung and the Post-Jungians*, London: Routledge & Kegan Paul.（村本詔司・村本邦子訳『ユングとポスト・ユンギアン』創元社、1990年。）

Schaffer, S. (1988): "Astronomers Mark Time: Discipline and the Personal Equation," *Science in Context*, 2(1), pp.115-145.

Shamdasani, S. (1995): "Memories, Dreams, Omissions," *Spring: An Annual of Archetypal Psychology and Jungian Thought*, 57, Spring Publications.（河合俊雄監訳、田中康裕・竹中菜苗・小木曽由佳訳「思い出・夢・削除」『ユング伝記のフィクションと真相』創元社、2011年。）

Shamdasani, S. (1998): *Cult Fictions: C.G. Jung and the Founding of Analytical Psychology*, London & New York: Routledge.

Shamdasani, S. (2003): *Jung and the Making of Modern Psychology*, Cambridge: Cambridge University Press.

Shamdasani, S. (2005): *Jung Stripped Bare by His Biographers, Even*, London: Karnac.（河合俊雄監訳、田中康裕・竹中菜苗・小木曽由佳訳『ユング伝記のフィクションと真相』創元社、2011年。）

Shamdasani, S. (2009): "Liber Novus: The 'Red Book' of C.G. Jung," *The Red Book: Liber Novus*, S. Shamdasani (ed.), New York: W.W. Norton.（河合俊雄監訳、田中康裕・髙月玲子・猪股剛訳「新たなる書──C・G・ユングの『赤の書』」、ユング『赤の書』創元社、2010年。）

篠田英雄「索引」、カント『純粋理性批判』岩波書店、1962年。

Simon, L. (1998): *Genuine Reality: A Life of William James*, New York: Harcourt Brace.

Slattery, D.P. (2011): "Thirteen Ways of Looking at *The Red Book*," *Jung Journal: Culture & Psyche*, 5(3), pp.128-144.

Spitteler, C. (1920): *Prometheus und Epimetheus: ein Gleichnis*, Jena: E. Diederichs.

Stein, M. (2010): "Critical notice: *The Red Book*," *Journal of Analytical Psychology*, 55, pp.423-434.

Stein, M. (2011): "What is *The Red Book* for analytical psychology?," *Journal of Analytical Psychology*, 56, pp.590-606.

Stein, M. (2012): "How to read The Red Book and Why," *Journal of Analytical Psychology*, 57, pp.280-298.

Stephens, B.D. (2001): "The Martin Buber-Carl Jung disputations: Protecting the sacred in the battle for the boundaries of analytical psychology," *Journal of Analytical Psychology*, 46, pp.455-491.

高橋原『ユングの宗教論 ── キリスト教神話の再生』専修大学出版局、2005年。

高橋健二「人と作品」『ノーベル賞文学全集3　ギェレルプ・ポントビダン・シュピッテラー』主婦の友社、1977年。

垂谷茂弘「個体化における他者と世界の問題」『宗教哲学研究』第5号、宗教哲学会、1988年、78-95頁。

Taylor, E. (1980): "William James and C.G. Jung," *Spring: An Annual of Archetypal Psychology and Jungian Thought*, 20, Spring Publications, pp.157-168.

Taylor, E. (1983): *William James on Exceptional Mental States: The 1896 Lowell Lectures*, New York: Scribner.

トリューブ, H.『出会いによる精神療法』宮本忠雄・石福恒雄訳、金剛出版、1982年。

鶴見俊輔『アメリカ哲学 ── プラグマティズムをどう解釈し発展させるか』社会思想社、1971年。

上山春平「プラグマティズムの哲学」、上山春平編『世界の名著48　パース・ジェイムズ・デューイ』中央公論社、1968年。

上山安敏『フロイトとユング ── 精神分析運動とヨーロッパ知識社会』岩波書店、2007年。

魚津郁夫『プラグマティズムの思想』筑摩書房、2006年。

Wagner, S. (1992): "Remembering Jung: Through the Eyes of Aniela Jaffé," *Psychological Perspectives*, 26, Los Angeles, CA: C.G. Jung Institute of Los Angeles.

渡辺学「現代における信と知の問題 ── ブーバーのユング批判をめぐって」『比較思想の途』4、筑波大学比較思想コロキウム、1985年、1-8頁。

渡辺学『ユングにおける心と体験世界』春秋社、1991年。

Wehr, G. (1982): *C.G. Jung und Rudolf Steiner: Konfrontation und Synopse*, Frankfurt am Main: Ullstein.（石井良・深澤英隆訳『ユングとシュタイナー』人智学出版社、1982年。）

Wertheimer, M. (1970): *A Brief History of Psychology*, New York: Holt, Rinehart and Winston.（船津孝行訳『心理学史入門』誠信書房、1971年。）

矢野智司「臨床の知が生まれるとき」、矢野智司・桑原知子編『臨床の知 ── 臨床心理学と教育人間学からの問い』創元社、2010年。

吉永進一「ウィリアム・ジェイムズと宗教心理学」、島薗進・西平直編『宗教心理の探究』東京大学出版会、2001年。

湯浅泰雄「ユングのグノーシス観（二）」『山梨大学教育学部研究報告』第23号、1972年、41-49頁。

湯浅泰雄『ユングと東洋』人文書院、1989年。

人名索引

◆あ行
アドラー（Adler, Alfred）　41, 42, 145
ヴィルヘルム（Wilhelm, Richard）　78, 114, 135
上山春平　145
上山安敏　36, 142
ヴォルフ（Wolff, Kurt）　28, 143
ヴント（Wundt, Wilhelm）　54
大貫隆　103, 160
オットー（Otto, Rudolf）　91, 157

◆か行
カイザーリンク（Keyserling, Hermann）　145
ガイヤール（Gaillard, Christian）　9
河合俊雄　10, 102, 134
河合隼雄　vi, 106
カント（Kant, Immanuel）　8, 45, 47, 49, 146-148, 157
ギーゲリッヒ（Giegerich, Wolfgang）　13, 14, 112, 113, 164, 166, 167
キルシュ（Kirsch, Thomas）　10
クラーク（Clarke, John James）　156
ゲーテ（Goethe, Johann Wolfgang von）　8, 67

◆さ行
サミュエルズ（Samuels, Andrew）　101
ジャネ（Janet, Pierre）　86

シャムダサーニ（Shamdasani, Sonu）　4, 6, 11, 18, 27, 28, 35, 36, 41, 135, 136, 138-142, 148, 151, 153
シュピッテラー（Spitteler, Carl）　66, 67, 152
ショーペンハウアー（Schopenhauer, Arthur）　8, 105, 106
スタイン（Stein, Murray）　7-9, 11, 138
スラッテリー（Slattery, Dennis Patrick）　10

◆た行
テイラー（Taylor, Eugene）　33, 35, 36, 41
トリューブ（Trüb, Hans）　103, 160
ドルネウス（Dorneus, Gerardus）　116, 118, 119
ドンデルス（Donders, F.C.）　54

◆な行
ニーチェ（Nietzsche, Friedrich Wilhelm）　6, 10, 14, 42, 136, 148, 153
ノイマン（Neumann, Erich）　109

◆は行
パース（Peirce, Charles Sanders）　43-46, 145-147
パイパー夫人（Mrs. Piper）　33
バシリデス（Βασιλειδης）　6, 136
林道義　37, 54, 149
ハント（Hunt, Harry T.）　10
ビショップ（Bishop, Paul）　9
ヒルマン（Hillman, James）　36, 110, 111,

113, 134, 164
ブーバー（Buber, Martin） 104, 161
ブライト（Bright, George） 11
フルールノワ（Flournoy, Henri） 141
フルールノワ（Flournoy, Théodore） 18, 28, 33, 86, 142, 156
ブルッチェ（Brutsche, Paul） 9
フロイト（Freud, Sigmund） v, 3, 8, 18, 24-33, 35-37, 40-43, 57, 73, 90, 101, 111, 142, 143, 145, 161
ブロイラー（Bleuler, Eugen） 24
ペイン（Payne, Virginia） 143
ヘーゲル（Hegel, Georg Wilhelm Friedrich） 8, 108
ベッセル（Bessel, Friedrich） 53, 54
ベルクソン（Bergson, Henri-Louis） 42, 85, 155, 156
ヘレーネ（Preiswerk, Helene） 32
ホーマンズ（Homans, Peter） 37, 43
ホール（Hall, Granville Stanley） 32, 143
ボルン（Bourne, Ansel） 32

◆ま行

マコーミック（McCormick, Edith Rockefeller） 151
マスケリン（Maskelyne, Nevil） 52, 53, 149
マッケンナ（MacKenna, Christopher） 11
メレディス－オーウェン（Meredith-Owen, William） 9
モルガン（Morgan, Christiana） 12

◆や行

ヤコービ（Jacoby, Mario） 134
ヤッフェ（Jaffé, Aniela） 4, 28, 136, 138, 141, 142
湯浅泰雄 160
ユング（Jung, Emma） 24, 141

◆ら行

ルヌービエ（Renouvier, Charles） 94
レイノルズ（Reynolds, Mary） 32

事項索引

◆あ行

アートマン 118
『アイオーン』 102
『赤の書』 2-19, 24, 26, 27, 37, 41, 57, 58, 60, 62, 71-74, 78-81, 95, 97, 100, 105, 106, 113, 114, 117-119, 128, 129, 135-139
アプラクサス 8
アメリカ心霊研究協会 32, 143
一元論 17, 46, 48, 50, 72, 89, 107-109
一なる宇宙 118-120
「いわゆるオカルト現象の心理と病理」 24, 32
『インドから火星へ』 86, 142
ヴィジョン v, 3, 6, 24, 26, 27,

34, 65, 72, 79, 95, 108, 117, 135, 137, 152
エリヤ 62-65, 151, 152
『黄金の華の秘密』 78, 114

◆か行
「ガラスびんの中のばけもの」 124
気質 48, 49, 51, 52, 72, 80, 93
グノーシス 6, 8, 103, 124, 160
クラーク大学心理学会議 31, 33, 143
『黒の書』 3, 136, 139, 154
形而上学クラブ 44, 146
『結合の神秘』 11, 114, 115, 117, 118
「元型——特にアニマ概念をめぐって」 86
賢者の石 115, 118, 119
個人性 103, 106
個人的方程式（persönliche Gleichung） 52-57, 73, 74, 80, 100, 128, 149
個性化 2, 8, 14, 16, 18, 56, 57, 62, 73, 81, 88, 92, 100-106, 109-111, 113, 116, 126, 128, 137, 163
個体化の原埋 106, 163
個別性 v, vi, 2, 15-17, 36, 56, 57, 74, 80, 81, 105-107, 111-115, 119, 120, 129, 133, 166

◆さ行
サロメ 62-65, 151, 152
自我 10, 81, 92, 95, 96, 100-103, 105, 106, 109, 120, 127

『自我と無意識の関係』 87, 100
自己 9, 82, 92, 101-106, 109-111, 113, 114, 119, 120, 126, 127, 167
自己実現 2, 88, 92, 101, 102, 160
『死者への七つの説教』 6, 135, 136
『宗教的経験の諸相』 81-83, 85-87, 93, 95, 97, 154, 164
集合的無意識 10, 35, 36, 82, 91
事例 15-17, 25, 84, 86, 93, 97, 111, 133
事例研究 vi
「試練」 6, 9, 10, 72, 135
『心理学原理』 32, 46
『心理学と錬金術』 114
「心理的諸タイプの問題のために」 41, 49-51, 60, 62, 64, 66, 71, 72, 145, 148
「精神病の意味」 40
「精霊メルクリウス」 124, 125

◆た行
第一質料 3, 4, 78, 115, 116, 128, 135
「第一の書」 6, 9, 10, 13, 62, 152
「第二の書」 6, 9, 10
『タイプ論』 37, 41-43, 49, 51, 52, 54, 57, 58, 60-62, 64, 66, 67, 71, 73, 74, 80, 81, 100, 102, 110, 128, 129, 145, 148, 150, 153
対立物の結合 62, 66, 114, 118
『多元的宇宙』 36, 107, 109, 111, 164
多元論 17, 18, 48, 50, 107-109, 113,

129
超心理学　32, 33, 142
『ツァラトゥストラ』　6, 14, 136, 153
転移　57
『転移の心理学』　114

◆な行
二度生まれ　92, 93, 95
「人間行動の心理的要因」　34
ヌミノースム　91, 140

◆は行
ファンタジー　iv, 4, 14, 15, 26, 31, 115-117, 128
フィレモン　6, 136, 137
「ブーバーへの答え」　104, 161
普遍性　vi, 15, 17, 79, 80, 106, 107, 113, 115, 118-120, 127, 129
プラグマティズム　iv, 17, 34-36, 40, 43-47, 49, 51, 55, 61, 62, 71, 82, 83, 107, 145, 147
『プラグマティズム』　35, 40, 41, 43, 46, 48, 49, 51, 52, 57, 61, 64, 71, 80-82, 85, 89, 144, 155, 156
『プロメテウスとエピメテウス』　66, 67, 71, 152
蛇　63-66
『変容の象徴』　73

◆ま行
マンダラ　167
無意識　4, 10
無意識との対決　27, 29, 37, 116, 117
「無意識の心理学について」　145
メルクリウス　114, 115, 124-127, 133, 167, 168

◆や行
『ユング ── そのイメージとことば』　4
『ユング自伝』　18, 27-29, 73, 78, 114, 136, 141, 142, 156
より以上のもの　84, 85, 91, 92

◆ら行
リビドー　41, 50, 51, 70-73, 153
『リビドーの変容と象徴』　26, 31, 73, 74, 142, 159, 160
臨床　vi, vii, 2, 9, 56, 86, 89, 91, 103, 133
臨床の知　134
錬金術　8, 78, 79, 113-116, 118-120, 124, 127, 129, 135, 166-168

おわりに

　本書は、2013年3月に京都大学大学院教育学研究科より博士（教育学）の学位を授与された学位論文「ユング心理学における個別性の問題――ジェイムズの多元論哲学とブーバーの関係論からの照射」の一部に基づいたものである。現在、筆者が研究の拠点を置いている京都大学こころの未来研究センターから「こころの未来選書」の一冊として刊行されるにあたり、臨床心理学の方法論と連なる「個」と「普遍」の問題をより際立たせるべく、議論をユングとジェイムズの思想的連関に限って、改めてまとめ直すことにした。

　各章の元になった初出論考は以下の通りである。ただし、本書の文脈に従って、それぞれ大幅に改稿を行っている。

第2章
「ユング『タイプ論』とプラグマティズム ―― 「個人的方程式（persönliche Gleichung）」としての諸類型」『京都大学大学院教育学研究科紀要』第57号、京都大学大学院教育学研究科、2011年、225-238頁。

第3章
「ユング『赤の書』と『タイプ論』」『ユング心理学研究』第4巻、日本ユン

グ心理学会、2012年、103-121頁。

第4章

「「個性化」と「宗教的経験」── ユングの宗教論に流れるジェイムズ思想」『ホリスティック教育研究』第14号、日本ホリスティック教育研究協会、2011年、1-13頁。

第5章

「個性化と多元的宇宙 ── ジェイムズ思想によるユング心理学再考」『ユング心理学研究』第3巻、日本ユング心理学会、2011年、59-77頁。

「ユング心理学と個別性（eachness）の世界 ──『赤の書』から錬金術研究へ」『ユング心理学研究』第6巻、日本ユング心理学会、2014年、117-136頁。

　さて、本書は、「元型」や「集合的無意識」といったユング心理学に馴染みの深いテーマを扱うものとは趣が異なり、ユング自身がなぜその思想を必要としたのかを問うメタ的な観点が主軸になったと言える。それには、2009年に公刊された『赤の書』を筆者が初めて手にしたときの強烈な印象が関係していたように思う。

　『赤の書』には、後にユング心理学で現われることになる概念やモチーフがすでに散りばめられているにもかかわらず、それらはまだ名前を持たず、生々しくて、真っ赤な溶岩のようなエネルギーに満ちみちているものだった。本研究の出発点は、ユングのそうした鮮やかな「個別的」体験が、世界とどのように交わっていったのかというダイナミズムに何とかして迫りたいというところにあった。それゆえに、本書は思想を追いながらも、常にその言葉を語っているユング自身へと戻るというように、絶えず視点を往復させるスタイルをとることになった。そして、その作業は同時に、ならば書いているお前はどうなのかと、筆者自身に対しても問いを突きつけてくるようなものでもあった。

　そのようにして自分を巻き込みながら書き進めた本書の試みは、一応の「普遍性」を垣間見ることができたと思われる一方で、未熟さゆえの至らない点も多々あっただろう。読者のみなさまに広くご批判・ご叱責をいただ

き、今後の研究の課題としたい。

　本書が成立するまでには、学部時代から博士課程に至るまで、宗教学・教育学・臨床心理学と三つの専門分野をまたぐこととなり、そのつど多くの学恩に恵まれた。

　学部時代には、東京大学文学部の宗教学・宗教史学研究室にて特に島薗進先生、鶴岡賀雄先生にご指導をいただいた。厳粛でありながら自由な雰囲気のもと、「生きがい」や「スピリチュアル・ケア」などに対する漠然とした興味を見守っていただき、この時期にユングやジェイムズの本にも出会い、のびのびと探求を進めることができた。

　卒業後は、東京大学大学院教育学研究科の修士課程に進学し、西平直先生のご指導を受けた。研究の道を志すべきか、実践的なケアの現場を志すべきかで悩んでいた当時の私にとって、先生との巡り会いは決定的なものだった。ゼミの最中、思想研究の持つクリスタルのような硬度と純度に、心が震えるような思いをしたこともある。研究の姿勢やテキストの読み方など、先生から学ばせていただいたことが隅々まで身に染みついている。

　その後、ユング心理学を実践的な場でより深く学びたいと考えるようになり、京都大学大学院教育学研究科心理臨床学研究室の修士課程に編入した。本書につながる研究の萌芽を見出してくださり、5年間にわたる指導のうえ、博士論文審査の主査を務めてくださった河合俊雄先生に、まずは心より感謝を申し上げたい。先生には何より、ユング『赤の書』の邦訳という歴史的な仕事を間近で見せていただき、ユング自身の格闘の日々の息づかいが聞こえてくるような、またとない貴重な体験をさせていただいた。また、海外のユング研究との距離を一足飛びに近づけ、ギーゲリッヒ博士、シャムダサーニ博士との出会いにも結びつけていただいた。先生からのお導きなしに、現在の筆者はあり得ない。また、副査として本研究を温かく育ててくださった桑原知子先生、論文をはじめ臨床の姿勢に至るまで、さまざまな機会に多くのご示唆をくださった田中康裕先生に、深く御礼申し上げたい。

　そして、現在、こころの未来研究センターにおいて筆者を研究員として受け入れ、いつも刺激的なアイデアで研究を見直す機会を与えてくださる

鎌田東二先生、本書の執筆にあたり、何度も温かい励ましとご教示をくださった吉田敦彦先生、西村拓生先生、中川吉晴先生、小野文生先生に、この場を借りて感謝申し上げたい。また、長きにわたり、読書会等を通して、難解なテキストに共に立ち向かってくれた研究仲間にも感謝している。
　創元社の柏原隆宏さんには、思うように筆の進まない筆者の背中を押していただき、出版に関する現実的なフォローを通して、刊行までの道を支えていただいた。ここに記して御礼申し上げたい。
　最後に、研究生活の始まりからいつも一番近くで励まし、世界を共に享受する喜びをくれた夫に感謝する。そして、これまでの私の歩みを優しく見守ってくれた両親に本書を捧げたい。

　　　2014年2月

　　　　　　　　　　　　　　　　　　　　　　　　　小木曽由佳

　　　　　＊本研究は、平成26年度日本学術振興会科学研究費補助金
　　　　　　（特別研究員奨励費）の助成を受けたものである。

著者略歴

小木曽由佳（おぎそ・ゆか）
1983年生。日本学術振興会特別研究員PD（京都大学こころの未来研究センター）。
東京大学文学部卒業後、東京大学大学院教育学研究科を経て、2013年京都大学大学院教育学研究科博士課程修了。博士（教育学）。臨床心理士。論文 "*The Red Book* and *Psychological Types*: A Qualitative Change of Jung's Typology," *Analytical Psychology in a Changing World: The Search for Self, Identity and Community*, L. Huskinson & M. Stein (ed.), London & New York: Routledge, to be published 2014、訳書『ユング伝記のフィクションと真相』（共訳）シャムダサーニ著、創元社、2011年など。

ユングとジェイムズ
――個と普遍をめぐる探求――

2014年6月20日　第1版第1刷発行

著　者	小木曽由佳
発行者	矢部敬一
発行所	株式会社 創元社

〈本　　社〉〒541-0047　大阪市中央区淡路町4-3-6
　　　　　　電話（06）6231-9010（代）
〈東京支店〉〒162-0825　東京都新宿区神楽坂4-3　煉瓦塔ビル
　　　　　　電話（03）3269-1051（代）
〈ホームページ〉http://www.sogensha.co.jp/

印刷・製本　株式会社 太洋社

本書を無断で複写・複製することを禁じます。
落丁・乱丁のときはお取り替えいたします。
定価はカバーに表示してあります。
©2014　Printed in Japan　ISBN978-4-422-11227-5　C3311

JCOPY　〈(社)出版者著作権管理機構 委託出版物〉
本書の無断複写は著作権法上での例外を除き禁じられています。複写される場合は、そのつど事前に、（社）出版者著作権管理機構（電話 03-3513-6969、FAX03-3513-6979、e-mail: info@jcopy.or.jp）の許諾を得てください。